孤独の磨き方

はじめに

「孤独」というものには、実は、幸福の種《たね》がたくさん詰まっています。

ですから、その「孤独」という土壌《どじょう》にまかれている「幸福の種」を見つけ出し、そして大切に育てていくことが大事なのです。

そうすれば、その幸福の種は、すばらしい花を咲かせるでしょう。

その「花」とは、たとえば、自己実現です。

自分の夢や願望が叶うことです。

また、仕事の成功という花もあるでしょう。

趣味や勉強を通して、充実した人生が実現する、という花もあります。

人間的な成長、という花もあります。

本当に色々な花が「孤独」の中から育っていくのです。

本書では、「孤独になる」ということを通して、そのような「花の咲かせ方」を色々な角度から解説しています。


自分が好むと好まざるとにかかわらず、今、「孤独な思い」をしている人たちがたくさんいます。

核家族化が進み、一人暮らしをしている人が増えています。

晩婚化の影響で、30代、40代を過ぎても一人で暮らしている人もいます。

また、離婚する夫婦が増えて、これもまた一人暮らしをしている人の数を増やしています。

あるいは、会社でリストラにあって、孤独感をおぼえている人もいるでしょう。

意見の違いなどで、組織の中で孤立してしまう人もいます。

そのような孤独を、ただ「寂しい」「辛《つら》い」と嘆いているだけでは、幸福は遠のいてしまいます。

ここで発想の転換が必要です。

孤独を受け入れ、そしてその孤独を「これからの人生のために、いい意味で役立てていこう」というように、考え方を変えることが大切になってきます。

というのも、孤独を肯定的に受け入れていけば、その孤独の中から「幸福の種」が芽吹き、「幸福の花」が咲き出すからです。

実は「孤独」とは、すばらしいものなのです。

そういう意味では、今、家族や友人や、良き仕事仲間に恵まれて、あまり孤独感を持っていないという人であっても、自分の生活の中にみずから積極的に「孤独になる時間」を作っていくほうがいいと思います。

その孤独な時間は、様々な恩恵をもたらしてくれるはずです。

そして、その孤独な時間のおかげで、さらに生活が充実し、生きがいや働きがいを実感できるようになると思います。

本書が、読者にとって、「孤独」というものを考え直してみるきっかけになることを切に望みます。

植西 聰

孤独の磨き方　目次

第3章

発想を転換すれば孤独は不安ではなくなる

第4章 「孤独を楽しむ」と人生は豊かになる

第5章 孤独によって物事がうまくいく

第6章 「孤独な時間」の中で自分らしく生きる

第7章 一人になって心を癒やす

第8章 友だちが少なくても恋人がいなくても大丈夫

第9章 「孤独な時間」を通して人は成長する

装丁／石間　淳
装画／岡村慎一郎
本文デザイン・ＤＴＰ／明昌堂
校正／東京出版サービスセンター
編集協力／ランカクリエイティブパートナーズ

第1章

「孤独は寂しい」は思い込みにすぎない

孤独へのマイナスイメージは「思い込み」にすぎない

「孤独になる」ということを嫌がる人が多いようです。

それは、孤独というものにマイナスイメージを持っているからだと思います。

「孤独は寂しい」「孤独は辛い」「孤独はみじめだ」「孤独でいると、周りの人たちから悪い評判を立てられる」といったネガティブな印象です。

しかし、多くの場合、それは「思い込み」にすぎないと思います。

孤独というものは、必ずしも悪いものではないのです。

孤独でいるということには、いい面もたくさんあるのです。

たとえば、孤独は心の休養になります。

ストレスが溜まった心が、孤独の中で癒《い》やされていくのです。

また、孤独になると、自分の好きなことができます。

誰にもジャマされることなく、趣味や読書や音楽などに熱中できるのです。

したがって、孤独にはプラスの面もたくさんあるのです。

実際に、誰でも「一人になりたい」と感じる時があると思います。

それは、ある意味、「孤独になって心を癒やしたい。自分らしい時間を取り戻したい」と心が欲している証しでもあるのです。

「孤独になる」ということを嫌がったりすることはありません。

「孤独になりたい」と感じた時は、その思いに素直にしたがって、孤独な環境に身を置くほうがいいのです。

いや、むしろ、もっと積極的に自分の生活の中に「孤独な時間」を取り入れていくのがいいと思います。それも心穏やかに、幸せに暮らしていくコツの一つになります。

みずから積極的に「孤独になる」のがいい。

人は孤独になることによって、精神的に成長する

心理学に、「ランチメイト症候群」という言葉があります。

学校や職場などで、「一人でランチをすることに、強い恐怖感を持つ」という心理傾向を指します。

なぜ一人でランチをすることが怖いのかと言えば、それは一人で食事をしているところを誰かに見られて、「あの人には友だちがいないんだ」「あの人は変わった人なのかもしれない」といった印象を持たれてしまうことを恐れているからです。

ですから、内心では「ランチの時ぐらい、みんなから離れて一人になりたい」という気持ちがあっても無理をして、みんなと一緒に食事に行くのです。

このようなタイプの人は、ランチに限らず、どこかに遊びに行くにも、何か買い物に出かけるにも、あるいは旅行するにしても、「一人で行く」ことに恐怖心を持つこ

とが多いようです。

心理学では、このように「孤独を怖がる」という心理傾向が強い人は、「精神的に未熟だ」とも言われています。

まだ「これが私の生き方だ」という確信が定まっていないのです。

また、何をするにしても誰かに依存してしまい、自立して自分で物事を進めていくということができません。

そんな人が精神的に成長して自立した大人になりたいのであれば、「孤独に慣れていく」のが近道です。

一人になってものを考え、一人で物事を判断し、そして一人になって行動するという機会を増やしていくのです。

それにしたがって、精神的に成長し、また精神的に強くなっていきます。

孤独になることに少しずつ慣れていく。

「孤独な人」は強くたくましく育っていく

イギリスの政治家で首相を務めたウィンストン・チャーチル（19〜20世紀）は、「孤独な木は、仮に育つとすれば、丈夫に育つ」と述べました。

森の中で他の多くの木とともに伸びる木ではなく、一本だけで立っている「孤独な木」は、強い風や雨をまともに受けてしまいます。それだけ、その木としては厳しい環境にあるのですが、その分、その木は丈夫に育っていくのです。

「孤独な人間」も、そんな「孤独な木」と同じだ、とチャーチルは言っているのです。

孤独なために、その人は厳しい状況に立たされることもあるかもしれません。

周りに助けてくれる人や、頼りにできる人がいないために、それだけ苦労することが多くなるかもしれません。

しかし、そんな「孤独な人」は、丈夫な人間に育っていくのです。

精神的に強くなります。ちょっとしたことで落ち込んで立ち直れなくなる、ということがなくなります。

困難に向かって勇敢にチャレンジしていき、それを乗り越えていくことができるようになるのです。

したがって「孤独な人になる」のを怖がることはありません。

むしろ積極的に「孤独になる時間」を日常生活の中に作っていくほうがいいでしょう。

孤独の中で真剣に自分自身に向かい合い、人生について考える時間を持つことによって、人間として強くたくましくなっていくのです。

≫「孤独な人」は「孤独な木」同様に強くなる。

夢を叶える人は「孤独になる」という習慣を持っている

「人は一人では生きていけない」と言います。

これは、確かに事実です。

たとえば、仕事は、たくさんの人たちで協力し合っていくもので、一人だけではやっていけないものです。

フリーランスという立場で、個人で仕事をしている人であっても、取引先などの人たちと協力しながら仕事を進めていくことに変わりはありません。

また、友人や家族、あるいは恩師といった人たちの支えがなければ、幸せな人生を築いていけないのも事実でしょう。

ですから、仕事の関係者や友人や家族との関係を大切にしていくことが重要になってきます。

しかし、それと同時に重要なのが、「孤独な時間を大切にする」ということなのです。

実は、世の中で偉大なことを成し遂げ、心穏やかに幸せな人生を実現してきた人たちは、みな共通して「孤独な時間を大切にする」という習慣を持っています。

また、夢を実現し、充実した人生を送っている人たちは、日常生活の中で積極的に「孤独になる時間」を作っていくという習慣を持っているのです。

孤独の中で、人は自分自身と真正面から向かい合い、そして様々なことを考えます。

この「内省的に考える」という行為によって、その人は「自分は何をすればいいのか」を発見し、「そのために何をすればいいか」という答えを見つけ出していきます。

それが成功や、夢を叶えることの原動力になっていくのです。

「孤独になる」ということを習慣にする。

孤独は自己実現に欠かせない能力である

　イギリスの精神科医であり心理学者だった人物にアンソニー・ストー（20〜21世紀）がいます。

『孤独』という本を書き、人が自己実現を成し遂げるために「孤独になる時間を持つこと」がいかに重要かを説いたことで有名です。

　このアンソニー・ストーは、次のように述べました。

「孤独になる能力は、自己発見と自己実現をもたらす。自分のもっとも深いところにある欲求、感情、衝動が自覚できる」と。

　孤独を一つの「能力」と言ったところにストーの独自性があります。

「自分探し」という言葉があります。「自分は何をやりたいか」「一生を通して実現していくような、自分の夢とは何か」「自分という人間には、どのような可能性が秘められているのか」ということを考えることです。

この「自分探し」のために色々なことにチャレンジしたり、あるいは、様々な場所を旅して回ったりする人もいると思います。

もちろん自分探しのために何かにチャレンジしたり、旅したりするのもいいでしょう。しかし、それと同様に大切なのが「孤独になって自分と向かい合う」ということなのです。

アンソニー・ストーは、孤独を通して「自分のもっとも深いところにある欲求、感情、衝動が自覚できる」と述べました。

これは、「自分は何がしたいか。自分は何をやることで喜びを感じるか」に気づく、ということなのです。

言い換えれば、孤独を通して、自分探しの答えが見つかるのです。

深いところにある欲求、感情、衝動を自覚する。

孤独を通して得られる「心の声」と「直観」を大切にする

就職や転職の際の面接試験では、よく、

「この会社で、どのようなことをしたいと思いますか」

「この仕事を通して、どのような人生を実現したいと思いますか」

といったことを聞かれます。

しかし、最近、このような質問に上手に答えられない人が増えてきていると言われています。

その人自身が、「将来的に何をしたいのか」「仕事を通して何を成し遂げたいのか」「どんな人生を歩んでいきたいのか」ということを十分に理解できていないからです。

ですから、そのような質問をされると、どう答えればいいかわからなくなってしまうのです。

しかし、そこであいまいな返答をされた面接官が、相手に良い印象を持つことは、まずありません。

もちろん、会社に入ってやり遂げたいことも、将来の見通しもない状態でいることは、その人自身にとっても良くないと思います。

そこで必要になってくるのが、「孤独な時間」です。

一人になって、自分自身と向かい合う時間を作ることが必要です。

そうすれば、だんだんと、「私は何をしたいか」「どんな人生を実現したいか」というものが見えてきます。

「世界を変えた経営者」の一人に、アップルを創業したスティーブ・ジョブズ（20〜21世紀）がいます。

ＭａｃやｉＰｈｏｎｅなど、現代の「必需品」を次々と生み出したスティーブ・ジョブズは、その創造の極意や目指す方向性について、「もっとも重要なのは、自分の心と直観を信じる勇気を持つことだ。心と直観は、どういうわけか自分が本当になりたいものをすでによく知っているからだ」と述べました。

心の奥から聞こえてくる「自分はこういうことをしたい」という声と、また、「こういうことをやってみたら面白いことになるかもしれない」という直観を信じて行動していくことで、より充実した幸せな人生を実現できる、ということです。

実際、ジョブズは、そんな心の声や直観にしたがって生き、そして実業家として大きな成功をおさめたのです。

では、ジョブズは、具体的にどのような方法で心の声を聞き、また直観を得ていたのでしょうか。

それは「瞑想」でした。

一人になって、静かに瞑想をするのです。

その孤独な状態の中で無心になって瞑想にふけっていると、不思議なことに、自分の深いところから心の声が聞こえてくるのです。

つまり、直観がわき出してくるのです。

それが、自分探しのためのヒントを与えてくれるのです。

さらに、新しい自分の可能性を発見できるのです。

そして、それが自己実現へとつながっていくのです。

スティーブ・ジョブズに限らず、成功者はこのように孤独を通して自己発見と自己実現のためのヒントを得るという習慣を持っているにちがいありません。

孤独の中で「私は何をしたいか」と自問自答してみる。

孤独になってはじめて「人生でやりたいこと」が見えてくる

孤独になることを、とても怖がる人がいます。

そのようなタイプの人は、手帳の中を「人と会う予定」でビッシリ埋めます。

とにかく、誰かと会って話をしていないと不安なのです。

家に帰ってからも、スマートフォンやパソコンを使って、SNSなどを通して誰かとつながろうとします。

このようなタイプの人にも、「孤独は寂しい」「孤独はみじめだ」という思い込みがあるのでしょう。

しかし、そのようにして日常生活の中から「孤独になる時間」を排除していくことが本当に良いことなのかと言えば、そこには問題もあるのです。

孤独になる時間がまったくない人は、自分の人生について真剣に考える機会があまりありません。

「これから、どうやって生きていけばいいか」

「どういう夢を追いかけて生きていけばいいのか」

「自分にとっての本当の幸せとは何だろうか」

といったことを、自分自身と向かい合って真剣に考える機会がないのです。

その結果、後々になってから、自分の人生に虚《むな》しさを感じることになる場合もあるのです。「もっと真剣に人生について考えておくべきだった」と後悔してしまうことにもなりかねません。

ですから、時々孤独になる時間を作って、「今のままの人生で良いのか。これから、どう生きていくべきか」を考えることが大切です。


ロシアの小説家トルストイ（19〜20世紀）は、「孤独な時、人は本当の自分自身を感じる」と語っています。

孤独になって自分の人生について考える時、人は世間の常識や他人の意見に惑わされることなく、その人自身が心から「私はこういうことをしたい」「こういう人生を実現することが、私にとっての幸福だ」と思えるものに出会うことができるのです。

そのような意味のことを、トルストイは「本当の自分自身を感じる」という言葉で表現したのです。

そして、そのような「本当の自分自身を感じる」瞬間に、大きな喜びを感じるものなのです。

それは、まさに孤独がもたらしてくれる「喜び」です。

孤独を通して「本当の自分自身」を感じる。

第2章

「一人の時間」を大切にする

孤独は「自分自身の生き方」を知る大きなチャンスになる

アメリカの女性作家であるアン・シャノン・モンロー（19～20世紀）は、「孤独とは、港を離れて、海を漂うような寂しさではない。本当の自己を知り、この美しい地球上に存在している間に、自分たちが何をしようとしているのか、どこに向かおうとしているのかを知るための良い機会である」と述べました。

孤独を感じる時、人は往々にして不安を感じます。

「私には、助けてくれる人が誰もいない。友人もいない。恋人もいない。こんな私は、いったいこれから、どんな人生を歩んでいくのだろう」という不安です。

それは、先行きがまったくわからない不安です。

もしかしたら、この先、大きな不幸が待っているのではないか、という不安です。

そういう不安を、モンローは、「港を離れて、海を漂うような寂しさ」という言葉で表現したのです。

しかし、不安に思うことはないのです。

必要以上に寂しく思う必要もありません。

なぜなら、「孤独になる」ということは「自分自身の生き方を発見するチャンス」でもあるからです。

自分自身の人生の方向性を決めるのは、他人ではありません。

それは「自分自身」なのです。

孤独の中に身を置くと、この当たり前のことに気づくことができるのです。

ですから、人は孤独である時、自分の人生について深く考えるようになります。

「自分たちが何をしようとしているのか、どこに向かおうとしているのか」を深く考え、そして、その答えを孤独な思索の中で知ることができるのです。

孤独になって「自分は何をしたいのか」を考える。

「みんなと一緒」が優先される時代はもう終わった

以前流行した言葉に、「赤信号、みんなで渡れば怖くない」というものがありました。

日本人には伝統的に「みんなと一緒に行動する」という傾向が強いように思います。

とにかく「みんなと一緒」でいれば、たとえ赤信号を渡るような危険なことであっても、恐怖や不安といったものを感じなくて済むようです。

ですから、会社でも、プライベートの生活でも、往々にして、大勢の人たちと一緒に行動するように心がけます。

この言葉は、そのような日本人の精神的傾向を言い表しているのでしょう。

しかし、もはや、そんな「みんなと一緒でいれば安心」という時代ではなくなってきていると思います。

たとえば、会社では、実績主義や能力主義が取り入れられるようになってきました。

いつまでも「みんなと一緒」でいたくても、実績を出せない人は「能力がない」とみなされてどんどん蹴《け》り落とされていってしまうのです。

そういう世の中にあっては、個人として自分の能力を高めていくことが大切になってきます。

また、個人として、自分で自分の生き方を考えていく必要があると思います。

そういう意味でも、いつまでも「みんなと一緒」を優先していくのではなく、もっと「孤独な時間」を大切にしていくことが重要です。

そうすれば、孤独の中で自分の個性や強みは何かを深く考え、自分の能力を磨き、そして、自分の生き方を決定していくことができます。

孤独の中で自分の能力を磨いていく時間を作る。

人生は「一寸先は闇」、だから孤独の習慣を持っておく

「自己責任」という言葉があります。

「自分の行動や生き方には、自分で責任を持つ」という意味です。

そのように表現すると、とても立派な心構えについて述べているようにも思いますが、この言葉にはマイナスの一面もあるのです。

人生がうまくいっている時はいいのです。

しかし、「うまくいかない時」にもやはり自己責任を問われるからです。

たとえば、会社で大きな失敗をした時や、求められている業績を出せなくなった時です。あるいは、病気になって思うように仕事を続けていけなくなる、という場合もあるかもしれません。

「一寸《いっすん》先は闇」と言いますが、人生はどこで何が起こるかわからないものなのです。

そのような悪いことがあった時も、自己で責任を取らなければならなくなるケースがあるのです。

仕事上の失敗の責任を取って、その会社を辞めざるをえなくなる場合もあるでしょう。会社に残れたとしても、職場で孤立してしまうことになると思います。そういう時、誰も助けてはくれません。救いの手を差し伸べてくれる人はいないのです。

このような「自己責任」という考え方は、これから一層広まっていくように思います。

そういう意味でも、普段から「孤独の中で自分の人生を考える」という習慣を持っておくことが大切です。そういう習慣がある人は、何があっても、動揺して自分を見失うことはないと思います。

孤独を習慣にして、しっかりとした自分の生き方を作っておく。

「孤独」を習慣としている人は、逆境をチャンスに変える

人生では、たとえ自分に責任がなかったことであっても、自分の生き方についてでは自分で責任を取らざるをえない場合があります。

ある中小企業で働いていた男性がいました。

彼はまじめな努力家で、能力もあり、また高い実績を上げてきました。

しかし、その会社の社長の経営判断のミスから、会社が倒産してしまいました。

その倒産について、彼にはまったく責任はありませんでした。

しかし、それにもかかわらず職を失って、一人で世の中に放り出される結果になったのです。

このようなケースで、普段から「孤独の中で自分の人生について考える」という習慣を持つ人と、そういう習慣がない人では対応の仕方が異なるのです。

孤独になって自分と向かい合う習慣がある人は、そこで動揺して自分を見失ってしまうことはありません。

しかし、自分の人生について考える習慣がない人は、自分を見失って絶望的になったり、怒りの感情に振り回されたりしてしまいがちです。

この事例の男性は、孤独になって自分の人生について考える習慣がある人でした。

彼は孤独の中で、自分がやりたいことを見つけ、それを成功させるためのアイデアを色々と練っていました。

そこで、失業したのをきっかけに自分で会社を設立して、以前からやりたいと思っていたことにチャレンジすることにしたのです。

このように自分の人生について考えることを習慣にしている人は、逆境をチャンスへと変えることができるのです。

孤独の中で「自分は何をやりたいか」を考えておく。

孤独を通して、一人で生きていく力を養っておく

「長い物には巻かれよ」という言葉があります。

これは、世の中を生きていく方法について述べられた言葉です。

「力ある者に素直にしたがっていくほうが安心だ」という意味を表しています。

そのように、「力ある者」にすり寄って、その人にベッタリとしたがって生きていくことを実践している人もいるかもしれません。

しかし、言い換えれば、そのような生き方は「依存的」であるとも言えます。

「自分の生き方」「自分の信念」「自分がやりたいもの」といったものがなく、とかく力のある人に依存ばかりしているからです。

このようなタイプの人は、そんな、力がある人から見捨てられたり、依存していた人がいなくなったりすると、ひどく動揺してしまいがちです。

一方で、普段から、孤独になって「自分の生き方」「自分の信念」「自分がやりたいもの」といったことについて深く考える習慣がある人は、誰も助けてくれない一人きりの状況に追い込まれることがあっても、取り乱したりはしません。しっかりと自分を保っていくことができます。

というのも「孤独になって人生を考える」という習慣を持つ人は、強い独立心を身に備えることができるからです。

「独立心」とは、「一人で生きていく力」と言っていいでしょう。

依存心が強い人は、そのような、一人で生きていく力が弱いと思います。

ですから「一人ぼっち」の状況に追い込まれると、どうしていいかわからなくなってしまうのです。

孤独の中で一人で生きていく力を養っておくほうが将来のためにも得策です。

孤独を習慣にする人ほど、独立心が強い。

孤独でいることで危険な集団心理に流されずに済む

心理学に「リスキーシフト」という言葉があります。

これは、「集団でいると、時に、リスキー、つまり危険な方向へと一気に流されていってしまうことがある」という人間の心理を言い表す言葉です。

たとえば、会社の会議で、ある極端な意見が出されたとします。

それは、とても危険な要素をはらんでいる意見なのです。

しかし、それにもかかわらず、その場の勢いに乗せられて、会議の出席者全員が、「賛成だ。やってみよう」と、その危険な意見に呑《の》み込まれてしまうのです。

そこでは全員が「もし失敗したら、どういう悲劇が待ち受けているか」ということを冷静に考える思考力が奪われてしまいがちです。

このような「リスキーシフト」は、会社や、その他の集団、また友人同士や家族などでも起こる可能性があります。

そんな状況が身近で起こった場合、自分だけはそのリスキーシフトと呼ばれる集団心理に同調せずに、冷静に慎重に物事を考える能力を持っておくことが大切です。

そのような能力を持つことで、自分はその危険に巻き込まれずに済みます。また、自分の仲間や家族を、その危険から救い出すこともできるのです。

では、どのようにして危険な集団心理が働く中で、冷静な思考能力を保つのかと言えば、普段から「孤独の中で物事を深く考える」という習慣を持っておくことです。

「孤独の中で考える」習慣を持つことで、危険な集団心理に流されずに済みます。

「孤独の中で物事を深く考える」という習慣を持つ。

別離の苦しみを孤独が救う

最近、離婚する夫婦が増えていると言います。

夫婦が離婚する原因には様々な理由があると思いますが、いずれにしても、離婚をきっかけに一人暮らしを余儀なくされる場合も多くあります。

そして、その際に、一人暮らしの寂しさに耐えられなくなって、うつ状態になってしまう人もいるようです。

もちろん、離婚などせずに、夫婦がずっと仲良く暮らしていくに越したことはありません。しかし、離婚が多くなっているという実態を考えれば、離婚した後に「一人で生きていく精神的な力」を養っておくほうが得策です。

ある女性は、夫の浮気が原因で離婚しました。彼女にはまったく責任はなかったのですが、離婚で突然、孤独な生活を余儀なくされたのです。

彼女には子供もいませんでした。

もちろん彼女はパートナーを失った寂しさを感じましたが、うろたえて自分を見失うようなことはありませんでした。

というのも、結婚していた時から人生について考えたり、本を読んで教養を高めたり、また一人旅をしたりする習慣を持っていたからです。

彼女は孤独になって考えることで、「一人で生きていく精神的な力」を養っていたのです。

ですから離婚後も、しっかりとたくましく生きているのです。

結婚してからも「孤独になる習慣」を大切にする。

一人になっても充実して生きていく力を養っておく

超高齢社会が急速に進んでいます。また、核家族化も進んでいます。

高齢の親と、子供夫婦が同居している家は少なくなっています。

そのような状況の中、パートナーが亡くなった後、一人暮らしをしている高齢者も増えてきています。

「悲嘆死《ひたんし》」という言葉があります。

パートナーを失った悲しみや、一人暮らしになった寂しさからふさぎ込んでしまい、そのような精神的落ち込みが原因となって、重い病気になってしまうのです。そして、先に亡くなったパートナーの後を追うようにして、その人も亡くなってしまうのです。

そのような「悲嘆死」も、今、増えてきていると言われています。

もちろんパートナーを失うことは、悲しいことです。

しかし、考えてほしいのは、パートナーを失った後の人生も長い、ということです。したがって、パートナーを失った後も、充実した人生を送っていこうと考えるほうが、長い目で見ればその人自身のためにもなるのです。

パートナーを失った後の人生を充実したものにするには、夫婦で共に暮らしている時から、一人で楽しむ趣味を持ったり、一人で遊びに行ったりする習慣を持っておくことが大切です。

そのような孤独な行動の中で、「一人になっても充実して生きていく精神的な力」を養っていくことができるのです。

一人で楽しむ趣味を持ったり、一人で遊びに行ったりする。

第3章

発想を転換すれば孤独は不安ではなくなる

「人間は孤独だ」と覚悟して生きていくのがいい

仏教の経典の一つに、『無量寿経《むりょうじゅきょう》』というものがあります。

この『無量寿経』の中に、次のような言葉があります。

「人は、色々な人との関わりを求めて生きていくが、結局は、一人で生まれてきて、一人で死んでいく。一人でやって来て、一人で去っていく（意訳）」というものです。

これは、「結局、人間は孤独な存在である」ということを言い表しています。

人は、「愛する人がほしい」「いい友だちを得たい」と願って生きています。

もちろん、良きパートナーや友人に恵まれて幸せに暮らしている人も多くいるでしょう。

しかし、人と人には出会いがあれば、別れもあるのです。

パートナーと離別することもあるでしょうし、また、死別することもあります。友人とケンカ別れしてしまうこともあるでしょう。

そして、そんな「別れ」のショックから精神的にまいってしまって、生きる意欲をなくしてしまう人もいるようです。

もしそうならば、最初から「人間は結局、孤独な存在なんだ」と覚悟して生きていくほうがいいと思います。どのようにしても、人間は孤独から逃れられないと、心のどこかで割り切っておくのです。

そうすれば、万が一大切な人との「別れ」を経験したとしても、動揺しないで済みます。平常心を保っていられます。

そういったことを、この『無量寿経』は教えてくれているのです。

≫人との「別れ」に動揺しないために、孤独を覚悟する。

孤独になったおかげで、仕事に集中できるようになる

会社の人間関係の中で孤立してしまう時があります。

ある女性にも、そのような経験があると言います。

ある時から、彼女は、会社の同僚たちから相手にされなくなりました。

彼女が何か悪いことをしたわけではありません。

同僚の中に彼女を嫌っている人がいて、その人が彼女の悪口を言いふらしたらしいのです。

そのために、みんなでお昼ごはんを食べに行く時、彼女に声をかけてくれる同僚がいなくなってしまいました。仕事が終わってからみんなで遊びに行く時にも、彼女だけ誘ってもらえなくなりました。

また、職場で同僚たちが盛り上がっている時も、彼女だけ話に入れてもらえないの

です。

彼女は孤独感をおぼえましたが、開き直って次のように考えるようにしました。

「孤独になっても、仕事を取り上げられたわけではない。私には、やるべき仕事がある。孤独になった分、仕事に集中できるようになった。そう考えれば、かえって有意義なことではないか」と。

そして、集中して仕事をしていくにしたがって、上司や取引先から高く評価されるようになり、やがて同僚たちからも信望を得られるようになった、というのです。

この彼女のように、孤立すること、孤独になることをポジティブに考えていくことで、人生がいい方向へ上向いていくこともあるのです。

大切なことは、「孤独になる」ということへの価値観を変えてみることです。

「孤独は必ずしも悪くない」というふうに考え方を変えることが大切です。

会社で孤立しても、その状況をポジティブにとらえる。

つき合う相手がいなくなったことで、かえって元気になる

「肩書がなくなったとたん、つき合う相手がいなくなった」という人がいます。

たとえばある男性に、こんなエピソードがあります。

彼は、ある会社で部長を務めていました。

部長だった時代には、毎日のように上司や同僚や取引先から「仕事が終わったら、食事に行きましょう」と誘われていました。

休日にも、仕事の関係者から「ゴルフに行きませんか」としょっちゅう誘われていたと言います。

しかし、ある時、重大な仕事のミスで、「部長」という肩書を失ってしまうことになりました。

それからというもの、同じ職場で働く人たちからも、また取引先からも、まったく

食事にもゴルフにも誘われなくなってしまったのです。

当然、手のひらを返したような周囲のふるまいに、彼は孤独感をおぼえました。

しかし、考え方を変えました。「誘ってくれる人がいないから、かえって、仕事が終わったらうちにまっすぐ帰れる。自分の時間がたくさんできる。食事に誘ってくれる人もいなくなったから、食べすぎも防止できる。それは健康的にもいいことだ」というように前向きに考えるようにしたのです。

その結果、彼は、「確かに孤独になったのかもしれないが、孤独の中で自分の生き方を見つめ直し、新しい生きがいや働きがいを発見して、部長という肩書を持っていた頃よりも元気にイキイキと暮らしている」と、言うのです。

肩書を失って孤独になっても、大丈夫だと考える。

いじめられる孤独を自分の才能を伸ばすために使う

ある女優は、子供の頃、いじめにあっていたと言います。

彼女は、子供の頃から、子役としてドラマや映画に出演していました。

そのため、小学校の時、クラスメートたちのやっかみを受けていじめられていたのです。

彼女は、学校で孤独を感じました。遊び相手は誰もいませんでした。仲良く話し相手になってくれる相手もいませんでした。

しかし、彼女はその孤独の中で、かえって「女優として、がんばっていきたい」という気持ちが強くなりました。

遊び相手がいないことから、家に早く帰れます。

自分が自由に使える時間がたくさんあります。その時間を、女優としての技能を教える学校に通い、有効に使ったのです。

その結果、彼女は、大人になった今、女優として活躍しているのです。

この女優に限らず、活躍している芸能人やミュージシャンなどには、子供の頃にいじめを受けていた、という経験を持つ人は少なからずいるようです。

しかし、この人たちは、その孤独を「自分の才能を伸ばす」という目的のために有効に活用していたようです。

いじめられるという孤独を、そのように良い方向へ活用することもできるのです。

大切なことは、そこで絶望しないことです。

絶望しなければ、将来への希望が見えてきます。

そして、将来的に、すばらしい人生を築いていくこともできます。

≫いじめられても絶望的にならないほうがいい。

「落ちこぼれの孤独」から、大きな野心を育てていく

幕末の英雄に坂本龍馬がいます。

当時、犬猿《けんえん》の仲だった薩摩藩（現在の鹿児島県）と長州藩（現在の山口県）の和解を仲介し、薩長同盟を成立させて、時代の流れを維新へと導いた人物として有名です。

これほどの英雄である龍馬ですが、実は、子供の頃は落ちこぼれで、孤独な少年だったと言われています。

龍馬は十歳の頃、漢学の私塾に通い始めますが、あまり勉強熱心な少年ではなかったようです。そのために、すぐに退学になってしまいました。

また、気弱で無口だったため友だちもあまりいませんでした。

そのために、とても孤独な少年だったのです。

しかし、その孤独の中で、龍馬は「世の中を変えるような大人物になりたい」とい

う野心を大きくふくらませていたのです。

この龍馬の事例からわかるように、「孤独」というものは、大きな野心を育てていく原動力になる可能性もあるのです。

今、学校で「落ちこぼれ」というレッテルを貼られて、孤独感をおぼえている人がいるかもしれません。

あるいは、会社で、周りの人たちから「落ちこぼれ」と見なされて、孤独な状況に追いやられている人もいるかもしれません。

しかし、その孤独の中で、人生が終わってしまうわけではないのです。

その孤独の中から、大きな、そして熱い野心を育て上げて、これからの人生をいい方向へ発展させていくこともできるのです。

「落ちこぼれ」が「成功者」に生まれ変わることもある。

転居先での孤独を「楽しい時間」に変える方法

夫の転勤に伴って、ある地方都市へと引っ越した主婦の話です。

その町には、知り合いも友だちもいませんでした。

彼女は孤独を感じ、毎日家に閉じこもって生活していたと言います。

そんな中で、彼女は熱中するものを見つけ出しました。

それは、ガーデニングでした。

引っ越す前からガーデニングは趣味だったのですが、雑事や人づきあいに追われ、なかなか十分には手が回りませんでした。ところが、引っ越してからは、そもそも知り合いがいませんから、時間だけはたっぷりあります。

そのあり余る時間をガーデニングに注ぎ込み、彼女は美しい庭を作り上げたのです。

やがて、その美しい庭は評判になり、雑誌の取材を受けたり、また、庭を見学しに大勢の人がやって来るようになったそうです。

この女性のように、新しく生活を始めた土地で孤独を楽しむ人もいると思います。

現在、新たに赴任した先で、寂しい思いをしている人もいるかもしれません。

しかし、その孤独を必ずしも否定的に考える必要はないのです。

むしろ、「おかげで、好きなことに熱中できる時間がたくさんできた」と考えることもできるのです。

そのように発想を転換することで、その孤独に価値が出てきます。

知り合いや友だちがいなくても、楽しめることがある。

引きこもりの状態から、将来の成功の種を生み出す

ある男性の小説家は、以前、引きこもりだったと言います。

高校卒業後、大学を受験しましたが、それに失敗したことをきっかけにして自宅に引きこもるようになったのです。

その後、彼は学校へも行かず、就職もせず、アルバイトもしないという、いわゆる引きこもりの生活を10年以上続けたそうです。

言い換えれば、10年以上にわたって、孤独な生活を送ったのです。しかし、彼は、その孤独な生活を、ただボンヤリと過ごしたわけではありませんでした。

もともと文学好きだった彼は、その孤独の中で数多くの小説を読みあさりました。

そして、自分でも小説を書くようになりました。

その後、30歳を過ぎてから小説で新人賞を受賞して、小説家として活躍するように

なったのです。

この事例からもわかるように、「孤独」というのは空虚な時間ではありません。ただ無駄な時間が流れていく、というものではないのです。

その人自身が、孤独というものへの意識を変え、その孤独を充実したものにしようと考えれば、その孤独の中から大きな成果を生み出すことができるのです。

多くの人の場合、孤独になりたくて、孤独になったわけではありません。

この小説家にしても、引きこもりになりたくて、引きこもりになったのではないはずです。きっと、そのような運命に導かれて、引きこもりになっていったのではないでしょうか。

しかし、いったんそのような状況に追い込まれた時は、その孤独を肯定的にとらえて、その孤独から何かを創り出すと結果が見えてきます。

≫その孤独から「何か」を創り出すといい。

「失恋の孤独」からクリエイティブな活動を始める

失恋によって、辛い孤独感をおぼえている人がいるかもしれません。

確かに、好きな人に自分の愛情を受け入れてもらえなかった時は、辛い孤独感に打ちのめされてしまうものです。

しかし、その孤独から、偉大なことを成し遂げた人もいます。

たとえば、ドイツの文豪のゲーテ（18〜19世紀）です。

ゲーテは若い頃、ある美しい女性に恋をしました。しかし、その女性には婚約者がいたのです。

結局、ゲーテの恋は実りませんでした。

ゲーテは、その失恋に深く悲しみました。

その孤独感から、自殺を考えたほどだと言われています。

しかし、その孤独の中で『若きウェルテルの悩み』という小説を書き上げました。その小説は当時のヨーロッパで大ベストセラーになって、結局、ゲーテは大きな名声と、そして生きていく希望を得ることができたのです。

一般の人たちにとっても、失恋によってもたらされる孤独感は辛いものです。しかし、そこで発想の転換をして、「この孤独は偉大なものを創り上げる大きなエネルギーとなる」と考えてもいいと思います。

その「大きなエネルギー」を使って、ゲーテのように小説を書いてみるのもいいでしょう。新人賞に応募すれば、受賞することになるかもしれません。

あるいは、その「大きなエネルギー」を利用して音楽を作ってもいいですし、またその他の創作活動に使ってもいいと思います。

「失恋の孤独」には、クリエイティブなエネルギーがあふれているのです。

「失恋の孤独」から一編の小説を書いてみる。

孤独の中で、人は「誰もできないこと」を成し遂げる

イギリス生まれのミュージシャンで、ビートルズのメンバーの一人だったジョン・レノン（20世紀）は、その作品の中で「人が孤独な時、本当に孤独な時、誰もできなかったことを成し遂げられる。だから、しっかりするんだ」と語っています。

この言葉にある「誰もできなかったことを成し遂げられる」とは、言い換えれば、「その人ならではの、個性的な偉業を成し遂げられる」ということです。

そして、その成果が、今後の人生の希望になるのです。

ですから、孤独に追い込まれることがあっても、「しっかりする」ということが大切なのです。

孤独の中で、自分を見失うことなく、しっかりと気持ちを保ちながら、前向きに生きていく、ということです。

孤独になると、一般的に、悲観的な感情にとらわれてしまいがちです。

自分の人生は、その孤独から一歩も出られないまま、そこで終わってしまうようにさえ感じられてしまいがちです。

しかし、その孤独から、「自分にしか成し遂げられない人生」をスタートすることもできるのです。

ですから、悲観的になることはありません。

むしろ楽観的な気持ちで、その孤独を受け入れ、その孤独の中で何ができるかを考えていくほうが得策です。

そうすれば、その孤独は、今後の自分の人生を輝かせてくれるような、すばらしい恩恵を与えてくれるはずです。

≫孤独は「終わり」ではなく「スタート」である。

「孤独」にひそむクリエイティブの芽に気づく

彫刻家として有名な人物に高村光太郎（19～20世紀）がいます。

彼には、智恵子という愛妻がいました。

しかし、光太郎が50代半ばの時に、智恵子が亡くなったのです。

愛する人との死別は、光太郎に大きな孤独感をもたらしました。

しかし、その孤独の中で、光太郎は『智恵子抄《ちえこしょう》』という詩集を書き上げました。

その『智恵子抄』は世間的に評判になり、そこに収められた数々の詩は多くの人に読まれ、その後教科書にも取り上げられ、後世の人たちに読み継がれています。

愛する人と別れた時、その人は大きな孤独感を感じます。

その孤独感から、「私も死んでしまいたい」という気持ちになる人もいるかもしれません。

しかし、その孤独感には、実は、非常に生産的な要素もあるのです。

それは「何かを創り出すエネルギー」です。

言い換えれば、そのエネルギーを見つけ出すことで、愛する人と別れた後の自分の人生を、希望を持って生きていくことができるのです。

光太郎はまさに、智恵子と死別した孤独感の中に、そんな「何かを創り出すエネルギー」があることを感じ取ったのです。

『智恵子抄』という詩集を書くことによって自分がその後の人生を生きていく希望を見い出したと思います。

したがって、光太郎の例にもあるように、「孤独」というものを、すべてネガティブなものに考えてしまうことはないのです。

そこにはポジティブな意味もあることに気づくことが大切です。

光太郎は、太平洋戦争が終わった後、岩手県花巻市の山の奥に小屋を建てて、約7年間にわたって一人で生活していた時期がありました。

実は、光太郎は、戦争中、太平洋戦争を賛美するような詩をたくさん書いていたのです。しかし、その戦争は結局、日本の敗戦で終わりました。

戦後、民主主義の時代が始まり、世の中の価値観が一変する中で、光太郎はかつての太平洋戦争を賛美する詩を批判されることもあったようです。

また、そのような戦争を賛美する詩を書いた自分自身への嫌悪感から、孤独の中に引きこもってしまいたくなったのです。

しかし、その山奥の小屋での孤独な生活も、光太郎にとってはクリエイティブな意味がありました。

山小屋での孤独な生活の中で『典型』という詩集を書き上げたのです。

そして、その詩集が、新聞社の文学賞を受賞することになりました。

表現活動に携わる人、何かを自分の名前で発信している人に限らず、誰もが、自分のしたことで、多くの人から批判を受けることがあるかもしれません。また、その自分のしたことに対して、強い自己嫌悪を感じてしまうこともあるでしょう。

その結果、強い孤独感をおぼえてしまうことがあると思います。

そのような場合も、その孤独をあまり否定的には考えず、そこから生産的な意味を見つけ出していくことが大切なのです。

そこに希望が生まれるのです。

孤独の悲しみを生産活動に使う。

第4章

「孤独を楽しむ」と人生は豊かになる

「孤独になる」とは「自由になる」ということ

ドイツの哲学者であるカント（18～19世紀）は、「我は孤独である。我は自由である。我はみずからの王である」と述べました。

この言葉は、言い換えれば、「孤独でいる時、人は何にも制約されることなく、まさに王様のように、自由にふるまえる」ということを言い表しています。

確かに、人は孤独である時、「自由」なのです。

孤独でいる時、そこには、気を遣うような人はいません。

「そんなことをしてはいけない」と言ってくる人もいません。

世間の常識にわずらわされることもありません。

世間体《せけんてい》といったものを気にすることもないのです。

まさに「自由を謳歌《おうか》できる」ということが、「孤独」の特権だとも言えるでしょう。

そうであるならば、この「自由という特権」を利用しない手はありません。

孤独にあって、大いにその自由を楽しむほうが得策です。

それも、自分の人生を幸せで充実したものにするための大切なコツの一つになるのです。

「孤独を楽しむ」という言い方があります。

その意味は、この「自由を楽しむ」ということなのです。

人間にとって、「自由にできる時間」を持つことは、とても大切です。

それは、自分自身を解放する時間でもあります。

それが、大きな幸福感と充実感をもたらしてくれるのです。

そして、そんな自由を与えてくれるのが「孤独」なのです。

孤独の中で、自分を解放する時間を持つ。

孤独の中で、好奇心がさらに活性化されていく

哲学者の三木清（19～20世紀）は、「一冊の本を読んで、他の本を読みたいという欲求を起こさせないような本は、良い本ではない（意訳）」と述べました。

この三木清の言葉は、言い換えれば、「良い本を読むと、さらにまた別の本を読みたくなる」ことを表しているのです。

一冊の「自分にとって良い本」を読みます。そうすると好奇心を刺激されて、「この点について、もっと深く知りたい」という欲求がわき上がってきます。

そして、そのために、「また別の本を読んでみよう」と思うのです。

また、一冊の本を読むことによって、「この著者について、もっと深く知りたい」という欲求を感じることもあります。

そして、「この著者が書いた他の本を読んでみよう」と思うのです。

そのように、一冊の「自分にとって良い本」を読むことによって、「もっと知りたい」という好奇心の幅が大きく広がっていくのです。

読書を通して、自分の好奇心を刺激し、また、その好奇心の幅を広げていくことは、その人の人生を豊かなものにすることに役立ちます。

そして、そのような「良い本をじっくり読む」という機会を与えてくれるのが「孤独」なのです。

孤独になることで、感性が一層研《と》ぎ澄まされます。

ですから、孤独の中で本を読むことで、さらに好奇心が強く刺激され、また好奇心の幅がさらに広がっていくのです。

自分の好奇心を活性化させる意味でも、「孤独になって本を読む」ことがよいと思います。

一冊の本を読むと、さらに別の本を読みたくなる。

「積ん読」を解消するために、孤独になるのがいい

「積《つ》ん読《どく》」という言葉があります。

「積んでおく」という言葉に、読書の「読」をかけたシャレです。

「この本を読みたい」と思って、本を買ってきたとします。

ところが、その本になかなか手をつけず、積んだまま読まない。そんな状態を指します。

中には、そんな「読まない本」が何冊も積み重なっている、という人もいます。

しかし、せっかく「読みたい」と思った本を、そのまま積んでおくというのは、非常にもったいないことだと思います。

積んでおいた本をまとめて読むためには、「孤独になる時間」を作るのが一番の近道です。

生活の中に、「誰にも会わず、一人になって、本を読む」という時間を作るよう習慣づけるのです。

周りに誰かいるとなかなか読書に集中できませんが、孤独になると格段に集中力が増します。

その分、本に書いてある内容を深く理解できます。また、速く本を読み進めることができます。また、多くの知識を吸収することができ、教養を深めていくこともできるのです。

それだけ人間的にも成長できます。

「孤独になって読書を楽しむ」のは、自分の人生にとっても非常に有益なことだと思います。

孤独になると、読書を十分に楽しめる。

#「孤独な逃げ込み場」がその人を元気にする

人生では、思いも寄らない「孤独」を強いられることがあります。

ある男性は、会社の人事異動で、地方の支店へ赴任《ふにん》することになりました。

その際、家庭の事情で、妻や子と離れて単身赴任することになったのです。

その赴任先での話です。

仕事を終えて住んでいる家に帰ると、そこには家族はいません。自分一人だけです。寝るまで、孤独な時間が続きます。

「孤独を楽しむ」という方法を持たない人は、孤独な時間が寂しくて耐えられなくなります。そのために、手っ取り早く欲求を満たしてくれるものにのめり込み、「依存症」になる人もいるようです。

たとえば、アルコールに依存することで、孤独の寂しさを紛《まぎ》らわそうとする人もいれば、ネットで買い物にしまくることで、孤独の苦しみを忘れ去ろうとする人もいます。いわゆる買い物依存症です。

また、孤独の辛さを消し去るために、過食症になってしまう人もいるようです。

このタイプの人は、ただ何かを口に入れ飲み下している間だけは、孤独の辛さを忘れていられるのです。

あるいは、孤独感に耐えられなくなって、長時間コンピューターゲームに依存してしまう人もいます。

しかし、彼は、そんな孤独な時間を苦痛に感じることはありませんでした。

寂しいという思いに苦しむことはなかったのです。

なぜなら、彼には鉄道という熱中できる趣味があったからです。

彼は鉄道マニアでした。

彼は、単身赴任先での孤独な時間を利用して、鉄道関係の雑誌を読んだり、時刻表を眺めたり、自分で撮影した鉄道写真を整理することに費《つい》やしました。それは彼にとって、とても楽しい充実した時間だったのです。

したがって、その孤独な時間を苦にして寂しく思うことはなかったのです。

この事例の男性のように、思いもよらず「孤独な時間」を過すことを余儀《よぎ》なくされることが、人生には時々あるのです。

そのような時、趣味がある人は、その孤独な時間を上手に利用していくことができます。

逆に、趣味がない人は、孤独な時間を持て余して、人生をはかなんでしまうことになるかもしれません。

この鉄道マニアの彼のように、熱中できる趣味を持つ人は、「孤独を楽しむ」ということができるのです。

熱中できる趣味がある人は、孤独というものを苦に思うことはありません。

むしろ自分から進んで「孤独になる時間」を作ろうと、生活の仕方を工夫したり、仕事をやりくりしたりします。

孤独になって趣味に熱中する時間が、その人にとってこの上ない生きる喜びになっているからです。

実業家で、三井銀行の会長を務めるなど特に金融界で活躍した人物に小山五郎（20～21世紀）がいます。

彼は、「趣味とは『人生の逃げ込み場』である。自分に割り当てられた時間をうまく配分して、逃げ込み場所をどう使うかということが大事だ」と述べました。

この言葉にある「逃げ込み場」には悪い意味はありません。

それは、むしろ「仕事の疲れを癒《い》やす場」であり、「ストレスを解消する場」であり、「人間関係のしがらみから離れて、個人的な楽しみを得る場」である、ということなのです。

言い換えれば、そのような「逃げ込み場」があるからこそ、元気に暮らしていける、ということです。

そんな「孤独な逃げ込み場」が、人間には時々必要なのです。

「孤独な逃げ込み場」で、趣味を楽しむ。

一人の時間を、自分を高める勉強にあてる

孤独な時間を、「自分を高める勉強」によって、充実したものにしている人もいます。

ある独身女性の話です。

彼女は一人暮らしなので、仕事から帰宅した後は、孤独な時間を過ごすことになります。

しかし、彼女は、その孤独な時間を苦痛に感じることはありません。

それは、彼女が、その孤独な時間を「英語の勉強」にあてているからなのです。

毎日、勉強をコツコツ積み重ねていくことで、英語の力が少しずつ向上していることを実感しています。

その「私は向上している」という実感が、彼女にとっては大きな喜びになっているのです。

したがって、彼女は、孤独の寂しさを感じることはないのです。

また、自分を高める勉強をすることは、楽しい夢を作り出します。

「英語の力をもっとつけて、将来は海外で仕事をしてみたい」

「海外に友人を作りたい」

「機会があれば、外国に留学したい」

といった夢をふくらませているのです。

そのような夢があるおかげで、英語の勉強に費やす彼女の孤独な時間はとても充実したものになっているのです。

この女性のように、自分なりに何か勉強を始めると一人時間が充実します。

勉強は向上する喜びと、楽しい夢を与えてくれる。

「物を書く」ことで、孤独を楽しむ

「孤独を楽しむ」ための方法の一つに「物を書く」ことが挙げられます。

たとえば、「日記を書く」ということです。

一日の終わりに、孤独な環境の中で、その日にあった出来事を一つひとつ書き出すのです。さらに、その経験から得た教訓も書き加えます。

また、その教訓を生かして、今後どのように行動していくべきかを書いておいてもいいでしょう。

このように日記を書くという「孤独な作業」を実践することによって、その日一日がとても充実したものになるのです。

また、ある程度年齢を重ねた人は「自分史」を綴ってみてもいいと思います。

これまでの自分の人生を振り返ってみて、自分が経験したことや、自分がつき合ってきた人たちのことを書き出していくのです。

これまでの人生の中で、うれしかったこと、楽しかったこと、また苦しかったこと、悲しかったことのすべてを書き出していくのです。

そのような自分史を書くことでも、その孤独な時間がとても充実したものになるのです。

そして、自分の人生を誇らしいものだと感じられるようにもなるはずです。

もちろん、それが、詩や俳句、あるいは小説であってもかまいません。

このように「物を書く」という行為によって、孤独な時間を楽しむことができるようになります。

孤独な時間を利用して、日記や自分史を書いてみる。

「孤独な散歩」によって、新しい発見を得る

「孤独を楽しむ」ための方法の一つに「散歩」があります。

散歩をすると、様々な発見を得られます。

よく歩く道であっても、一人で孤独にひたりながら散歩していると、今まで気づかなかった発見が得られるものです。たとえば、

「こんな場所に、きれいな花壇があった」

「ここに、こんな素敵なお店があったとは、いままで気づかなかった」

「ここから見る風景は、なんて美しいんだろう」

「ここの大学では、社会人向けの公開講座があるのか。ポスターが貼り出されている」といった発見です。

今まで歩いたことがないような道を散歩すれば、なおさらたくさんの発見を得られ

ます。

散歩による、そんな様々な発見は喜びになりますし、楽しみになります。ですから孤独な時間を利用して、一人で散歩してみることをお勧めします。

また、散歩によって、適度な運動にもなります。

健康と体力の増進になるのです。ダイエットにも役立ちます。

また、散歩は、脳の活性化を促すことも知られています。

散歩はストレス解消にもなります。

このように散歩は、健康面、脳の活性化、そして精神面にと様々な良い影響をもたらすのです。

昔から孤独な哲学者や思想家は「散歩を楽しむ」ことを日々の習慣にしていた人が多かったようです。

たとえば、その一人が、アメリカの思想家であるヘンリー・デイヴィッド・ソロー（19世紀）です。

このソローは、深い森の中で2年余りにわたって、一人きりで自給自足の生活をしたことでも知られています。

そして、その間に『森の生活』という本を書き上げました。この作品は、名著として日本でもよく知られています。

散歩をしていると、脳の働きが活性化すると言われています。

そのために、散歩をしている時は、物事を深く考えることができるのです。

考えがまとまらなかったことが、頭の中で整理されていく、ということもあるでしょう。

また、今まで疑問に思っていたことが頭の中で整理され、「ああ、そうだったのか」と納得がいく答えが見つかる場合もあります。

実際、ソローは、森の中で一人で暮らしていた時、その森の中をよく散歩して回っていたそうです。

散歩しながら得た着想を、『森の生活』の中にまとめていったのです。ソローは、「ブラブラ散歩することは、生きるための偉大な営みである」とも述べています。

「散歩」と、また「本を書く」という行為によってソローの孤独な生活はとても充実したものだったようです。

散歩が「生きるための営み」になる。

第5章

孤独によって物事がうまくいく

心の安らぎは「外」に求めても得られない

フランスの思想家であるラ・ロシュフーコー（17世紀）は、「自分の心に安らぎを見出せない時は、外に安らぎを求めようとしても無駄になることが多い」と述べました。

人には、「心に安らぎを見出せない時」があるものです。

それは、たとえば、将来に不安を感じている時です。

また、人間関係がうまくいっていない時もあるでしょう。

大きな仕事のプレッシャーに負けそうになっている時もあるかもしれません。

現状への欲求不満が爆発しそうになっている時もあるでしょう。

そのような状況にいる時、「外に安らぎを求めようとする」人もいます。

たとえば、友人を誘って遊びにいくことです。

確かに、そのような方法もあると思います。

しかし、多くの人の中には、そのように別の方向で鬱屈《うっくつ》とした気分を払おうにも、かえって本来の不安を浮き彫りにするだけで、結局「心の安らぎ」を得られない、という人もいます。そういうタイプの人にとっては、かえって逆効果になってしまう場合も多いのです。ラ・ロシュフーコーなどは、まさにそういうタイプの人だったのでしょう。

したがって、そういうタイプの人は、「外」ではなく、むしろ「内」に安らぎを求め、静かに回復を待つほうがいいのです。

「内」とは、誰にも会わず、孤独の中に身を置くことです。

孤独の中で、深く物事を考えてみるのもいいでしょう。

また、孤独になって、瞑想するのも良い方法です。

不安な時には、孤独の中に身を置いてみる。

考えがまとまらない時には、一人になるほうがいい

仕事をしていて「なかなか考えがまとまらない」ことがあります。

企画書を書かなければならない、あるいは、何か困った問題の解決策を考えなければならない場合もあるはずです。

そんな時、誰かに会って相談する、という人もいるでしょう。

確かに、人のアドバイスによって、「そうすればいいのか」と、打開策を思いつくことや、考えがまとまることもあります。

しかし、実際には、的外れなアドバイスによって、余計に頭が混乱してしまったり、真剣に相談事を聴いてくれない相手にイライラしたりして、かえって心を乱されてしまう、ということもあります。

そんな時は、他人や、その力に期待を寄せすぎているのかもしれません。

もしそうならば、自分一人で、孤独の中で、徹底的に深く物事を考えるほうが、よほど精神的にも健やかで、生産性も上がることでしょう。

結局は、何事であれ、最終的には自分一人の力で解決していくしかないのです。

孤独の中にいる時、人は感性が研《と》ぎ澄まされます。

発想力が高まります。

ですから、誰かに頼るのではなく、孤独の中で物事を考えてもいいのです。

また、どうしても考えがまとまらない時は、一人で散歩に出るのもいいでしょう。

「これだ！」という良いアイデアやひらめきが浮かんでくることもあるものです。

孤独の中にいる時、人は感性が研ぎ澄まされる。

忙しい人ほど、誰とも関わらない「余白の時間」を大切にしていく

人は多忙になればなるほど「孤独な時間」が減っていきます。

多忙な人は、人と面会する予定がぎっしりと詰まっているようです。出席しなければならない会合が目白押しの人もいます。

そんなスケジュールを次から次へとこなしていかなければなりません。

ですから、家族がいる場合、一人になれるのは、お風呂やトイレに入っている時のような、物理的に他人と隔てられた場所くらいしかなくなってしまうのです。

しかし、多忙な人ほど大切なのが、実は、誰とも関わらない「余白」や「遊び」の時間なのです。

孤独な時間は、日頃のストレスを癒《い》やす時間です。そして、次の成功へ向けて新たなチャンスがないかとじっくり検討する場にもなります。

今抱えている問題をどうやって乗り越えていくかについて、深く考えてみる時間にもなります。

たとえわずかな時間であっても、わずらわしい人間関係から解放されて、自分らしさを取り戻すことにつながるのです。

そんな「余白」がないと、ただ忙しい日常に追いまくられるだけの生活になり、心身ともに疲れ、すり切れていくばかりです。

新たなチャンスを探ったり、問題を解決するための方法について考える時間がないと、結局は、今の勢いが衰退していってしまうこともあるのです。

したがって、忙しい人ほど、意識して「余白の時間」を作るように心がけていくことが大切です。

日常に「余白」がない人はいつかすり切れてしまう。

「孤独な時間」が減ると、運勢も下がっていく

ある男性の小説家に、次のような話があります。

彼は才能あふれる人で、関係者から多くの期待を集めていました。

その彼が、大きな賞を受賞することになりました。

受賞してからというもの、新聞や雑誌の取材、テレビやラジオへの出演、講演会の依頼などが殺到するようになりました。

そのために、一人きりになって小説を書く時間がなくなってしまいました。

ですが、本業は小説家なのです。小説の依頼もたくさん来ているので、小説を書いていかなければなりません。しかし、忙しい時間の中、慌ただしく小説を書いていたために、小説の質は日に日に落ちていったそうです。

その結果、少しずつ読者が離れていき、本の売り上げも落ちてしまったのです。

この小説家のように、「忙しくなる」→「孤独な時間が減る」→「いい仕事ができなくなる」→「世間や運から見放されていく」といった運命をたどっていく人は、他の分野にも少なくないはずです。

このような人は、自分にとって本質的ではないことに時間を奪われ、完全に世間や運から見放される前に、「孤独な時間」を取り戻すようにする必要があります。

その小説家はその後どうなったのでしょう。

「このままではいけない」と感じた彼は、マスコミの取材などはできる限り断るようにして、孤独になって小説を書いていく時間を意識して確保するようにしました。その結果、ふたたび良い小説を書けるようになって、人気作家として長く活躍しています。

「孤独な時間」が、運勢を盛り返す原動力になったのです。

本来の仕事に注力するための「孤独な時間」を増やす。

孤独がなければ「個性的な成功」は望めない

スペインの画家のピカソ（19〜20世紀）は、「孤独なくしては、いかなるものも成就しない」と述べました。

ピカソは天才的な表現力と画力で、多くの傑作を残した画家として有名です。

彼は、孤独の中で作品に向かい合い、孤独の中でコツコツと努力して、傑作と呼ばれるような作品を生み出したと思います。

そのような経験を通して、孤独なくしては、絵画ばかりではなく、「いかなるものも成就しない」という確信に至ったと考えられます。

彼は日々の生活の中で、「いい作品を作り上げるためには『孤独』が大切だ」ということを実感していたのでしょう。

そういう意味で成功したのも、ピカソだったのです。ピカソの絵は、まさに、今までなかったような個性的なものでした。

そして、ピカソは、その個性を「孤独」の中で育んできたのです。

これは一般の企業でも同じことで、画期的な企画を発案するにも「孤独」が必要になってくるのです。

今までになかったような製品を作り上げるのも、「孤独」がなければ成し遂げることができないからです。

特に最近は、どのようなビジネスにおいても「個性」が求められています。

従来通りの平凡なことをしていても、ライバル会社との差を打ち出すことができません。差を打ち出すことができなければ、社会で埋《うず》もれてしまって成功は望めません。

したがって、個性を打ち出して、今までなかったような画期的なことをやらなければ、発展することはできないのです。

孤独を通して、個性的な生き方をする。

孤独に恵まれた環境のほうが、個性が生かされる

今、様々な分野の大企業が、個人や、また、少人数でビジネスを進めている人と連携してビジネスを進めていく、というケースが増えているようです。

たとえば、大手のコンピューターのメーカーが、個人で新しいコンピューター技術を開発している人と連携して、ビジネスを進めていく、といった場合です。

あるいは、大きな自動車メーカーが、少人数で電気自動車を開発しているところと連携して、次世代型の電気自動車を作っていく、といったケースです。

というのも、大企業からは、往々にして、将来的な成功の種となるような「個性的で画期的なアイデア」といったものがなかなか出てこない、という現状があるからなのです。

では、なぜ大企業からは「個性的で画期的なアイデア」が生まれにくいのかと言え

ば、その理由の一つには「孤独の中で考える」という時間を取りにくいことが挙げられると思います。

大きな企業は、基本的に、大勢の人たちと話し合いながら、協力し合って仕事を進めていきます。それはそれでメリットもあるのですが、半面、そこに居合わせる多くの人を満足させるために、尖《とが》ったアイデアも少しずつ丸く、無難なものになっていきます。

ですから、個性的なアイデアも生まれてこないのです。

一方で、個人で仕事をしている人や、少人数でビジネスをしている人は、「孤独」という一人きりで働く環境に恵まれているので、個性を削りとられていないアイデアが生まれ、そして育まれやすいのです。

そういう意味では、大きな企業で働く人たちも、みずから意識して一人で考える「孤独な時間」を取り入れていくのがいいのかもしれません。

「孤独な時間」の中で、鋭く尖ったアイデアを育む。

孤独に身を置いて、習慣やしきたりを退《しりぞ》ける

アメリカの思想家であるラルフ・ウォルドー・トライン（19～20世紀）は、「一般大衆が作り上げている習慣やしきたりに屈して、あなたの個性を殺してはいけない。個性こそ、人のパワーの最大の源である」と述べました。

最近は、フリーランスなど、「自分の名前」で仕事をしている人はもちろん、経営者や会社員として働いている人であっても、「個性」が大切になっている時代ではないかと思います。

世間一般の人たちとはちょっと違った、何かキラリと光るようなものを持っていないと、成功することを望めない時代なのです。

言い換えれば、個性こそが、その人を成功に導くパワーの最大の源であるのです。

ですから、自分の個性を大切にし、その個性を磨《みが》き上げていく必要があります。

しかしながら、社会生活を送る上では、「世間」とうまくやることが求められます。多くの人が良しとする価値観の結晶であるしきたりや習慣とまったく無縁でいることは残念ながら難しいのです。

そんな一般大衆の習慣やしきたりに屈せずにいられる数少ない方法の一つが、「孤独の中に身を置く」ということなのです。

孤独の中にいる時、人は習慣やしきたりといった束縛から解放されます。

したがって、自分の個性をイキイキと発揮して、自由にものを考え、また自由に行動していくことができるのです。

それが成功へのチャンスとなります。

孤独の中で、自分の個性をイキイキと発揮する。

孤独に強い人間になって、世界に出ていく

日本人は、一般的に、西洋人に比べて「一人で行動する」ということが苦手な人が多いようです。

西洋人には個人主義の思想がありますから、一人で行動するということに積極的なのです。

今、日本には外国からたくさんの観光客が訪れていますが、一人で旅行している西洋人の姿もよく見かけます。西洋人は孤独をあまり苦にしないのです。むしろ孤独を楽しんでいるようにも見えます。

一方で、日本人の行動には、協調主義という考え方が深く根ざしています。

一人で勝手に行動するのではなく、みんな一団となって集団で同じように行動していくことが大切だ、という考え方です。

見えます。

その影響もあってか、日本人は、孤独になることに苦痛を感じる人が多いようにも

よく「西洋人は個性的で、日本人は没《ぼっ》個性的だ」とも言われますが、その原因の一つは、この「個人主義」と「協調主義」という考え方の違いにあるのかもしれません。

ビジネスの世界では、日本人が海外に出ていくことが珍しくない時代です。

旅行など、仕事以外で海外に出ていく人もいるでしょう。あるいは、勉強のために、海外に留学する人もいます。

様々な背景を持つ国の人たちと肩を並べる、あるいはそこで抜きん出ようとするのであれば、日本人も、協調的ながらも個人主義的な考え方を持ち、一人で行動する孤独というものに強くなる必要があるように思います。

一人で行動することを苦に思わない。

個性的な人ほど、時に、周りの人から批判される

個性的な人というのは、時に、周りの人たちから批判されることがあります。

個性的な人は、普通の人たちとは異なった価値観を持ち、また、一般の人が理解できないようなことを言ったり、したりすることがあります。

それが、しばしば、批判の対象になってしまうのです。

自分の個性が理解されず、それどころか批判されるようなことになれば、本人とすれば孤独感をおぼえることになるはずです。

しかし、その孤独感にあまり思い悩まないほうがいいのです。

その孤独に耐え、いや、むしろその孤独を楽しむ気持ちを持って、さらに自分の個性に磨《みが》きをかけていけば、その先にすばらしい成功が待っているのではないかと思います。

芸術家の岡本太郎（20世紀）は、「人に認められたいなんて思わないで、己を貫くんだね。でなきゃ、自分を賭《か》けてやっていくことを見つけることは出来ないんだ」と述べました。

「人に認められたい」と思う人は、自分の個性を捨ててまで、周りの人に気に入られようとします。そんなことはせずに、「己を貫く」ということが大切だ、と岡本太郎は言っているのです。

「己を貫く」とは、「批判されて孤独感をおぼえることがあっても、あくまでも個性的に生きる」ということです。

そうすれば、「自分の人生を賭けてやっていくことを見つけること」ができる、ということなのです。これは、言い換えれば、「己を貫けば、満足がいく、充実した人生を実現できる」ということなのです。

批判されても、自分の個性を貫いていく。

経営者にとって大切なのは「孤独な時間」である

「トップは孤独だ」と、よく言われます。

最終的な決断は、組織のトップに立つ人間が一人で下さなければなりません。しかも、その決断が失敗した時は、その責任を一人で負わなければならないのです。誰も助けてはくれません。

そういう意味で「トップは孤独だ」と言われるのでしょう。

その一方で、みずから意識的に「孤独を取り入れている」というトップもいるようです。なぜなら、経営者というのは、物理的に孤独になれる時間があまりないのです。社内での会議や、業界の会合などに分刻みのスケジュールで出席しなければなりません。商談なども数多くあります。夜も接待などで忙しいのです。そのために「一人になって、じっくりと物事を考える時間」が意外に少ないようです。

ですから、みずから意識して「孤独の時間」を作る必要があります。

その時間は重要な問題について、より深く考えてみる時間でもあるのです。

ある大メーカーの男性経営者も、みずから意識的に孤独な時間を取り入れていると言います。

彼が孤独になるのは、朝早い時間です。

誰よりも早く出社します。そこには誰もいないので、孤独な環境に身を置くことができます。

その孤独の中で、誰にも邪魔されずに、これからの経営方針についてじっくりと考えることができると言います。

また、ある経営者は、「大きな決断を下す時には、ホテルの一室にこもる」と言います。

そのホテルの一室にこもっていることは、一部の人を除いて、誰にも教えません。

ですから、そこには仕事の電話などは入ってくることはありません。

もちろん携帯電話の電源も切っておきます。

そのように、完全に孤独の中に身を置いておくと、物事を集中して考えることができるのです。

また、周りの人たちの意見に惑わされることなく、客観的に、冷静に物事を考えることができます。

会社などでは、会議などで、みんなと話し合いながら物事を決断することもあります。もちろん、みんなの言葉に耳を傾けることも大切です。

しかし、「最終的には一人になって、孤独の中で物事を判断するほうが正しい方向性を打ち出せる」と、その経営者は考えているのです。

確かに、「賢明な判断ができる」というのも、「孤独」のメリットの一つです。

また、二者択一を迫られて迷っている人は、人の意見を参考にしながらも、最終的には一人になってじっくりと考え判断するのがいいのです。

重要な問題は、孤独になって検討してみる。

第6章

「孤独な時間」の中で自分らしく生きる

「積極的孤独」という考え方を取り入れていく

心理学に「積極的孤独」という言葉があります。英語で、「ソリチュード」とも言います。

これは、「自分の生活の中に『孤独になる時間』を積極的に取り入れていこう」という考え方を表す言葉です。

また、「その孤独が持つ良い側面を積極的に意識していこう」というメッセージを含んでいます。

孤独というと、一般的に、「寂しい」「辛い」といった印象を持つ人が多いかもしれません。確かに孤独にはそのようなネガティブな面もあると思いますが、実は、「良い面」もたくさんあるのです。たとえば、

・気持ちが安らぐ。

・好きなことができる。
・物事に集中できる。
・冷静に判断できる。
・人生について深く考えることができる。
・自分の隠れた才能に気づく。
・「自分らしさ」を取り戻せる。
・クリエイティブな活動ができる。

「孤独」には、こんなポジティブな側面がたくさんあるのです。

ですからネガティブに見える面にばかりとらわれず、積極的に孤独になる時間を作って、孤独が持つメリットを生活の中に取り入れていくほうが得策です。

この「積極的孤独」という考え方も、現代人が幸せに生きていくためのコツの一つになります。

孤独には、こんなに「いい面」がたくさんある。

孤独になって「自分らしさ」を解放する

人間の幸福の一つに、「自分らしく生きる」「ありのままの姿で生きる」ということが挙げられると思います。

作家の武者小路実篤《むしゃのこうじさねあつ》（19〜20世紀）は、「生まれた者は　やがて死ぬ者なり　我も亦《また》　やがて死なん　だが生きてゐ《い》る間は生きる也　我らしく生きる也　何者にも頭を下げず　いぢ《じ》けずに生きんと思ふ」と述べました。

まさに、「自分らしく生きることが、自分にとってもっとも幸福なことだ」という気持ちを述べた言葉だと思います。

しかしながら、実際には、「いじけず」に自分らしく生きるのは意外に難しいものなのです。

周りの人たちに気を遣ったり、あるいは会社などで、自分の意に反して上からの指示に従ったりしなければならず、そのために「自分らしさ」を抑え込みながら生きている、という人も多いのではないでしょうか。

ですが、職場にいる時間以外の周りに誰もいない孤独な環境ならば、思いきり自分らしくふるまえると思います。

好きなことに熱中できますし、自分が好きなように時間を使うこともできます。

したがって、「自分らしさを抑え込む」ことで溜まったストレスを解消する意味でも、積極的に孤独な時間を作り、そこで自分らしさを発揮するほうがいいと思います。

それも、心理学で言う「積極的孤独《ソリチュード》」の一つなのです。積極的に孤独の時間を作る人は、自分らしく生きることにも積極的な人でもあると言えます。

「孤独」に積極的な人は、「自分らしさ」に積極的である。

一人になって、好きな服を着て出かけてみる

会社や学校、あるいは何かの集まりなどで、大勢の人に囲まれながら活動していると、「息苦しい。堅苦しい」という気持ちになってくる人もいると思います。

そのような気持ちになるのは、周りの人に気を遣って「自分らしさ」というものを抑え込んでしまうからだと思います。

周りの人たちと協調していくために、言いたいことがあっても我慢してしまいます。やりたいことがあっても、周りの人に迷惑になることを怖れて、やはり我慢します。自分のペースよりも、周りの人のペースに合わせることを第一にしてしまいます。

服装にしても、自分が着たい服があっても、それを着ずに周りの人たちの恰好《かっこう》に合わせたものを選んだりします。

しかし、そのように周りの人に気を遣ったり、周りの人に合わせたりするのは息苦

しく、堅苦しいことであり、また精神的に疲れることとなのです。

そんな生活をずっと続けていたら、欲求不満が少しずつ溜まっていって、どこかで感情が爆発してしまうことになるかもしれません。

それを避けるためには、積極的に孤独な時間を作って、その孤独の中で自分らしさを解放してあげるのがいいのです。

孤独の中で「言いたいこと」を日記に書きつけるのもいいでしょう。人目を気にすることなくやりたいことをやるのもいいと思います。

孤独の中で自分のペースで物事を進め、たまには一人で好きな服を着て出かけるのもいいと思います。

そうすることで気持ちが解放され、のびのびとしてくるのです。

自分らしさを解放すれば、気持ちがのびのびしてくる。

一人カラオケで、ありのままの自分に戻る

あるカラオケ好きの男性は、よく一人でカラオケに行くと言います。

彼は、会社の同僚や取引先などとも、よくカラオケに行くのですが、それとは別に、一人で歌いに行くのです。

というのも、周りに同僚や取引先がいると、好きな曲を歌うよりも、みんなに合わせてしまって、十分に楽しむことができないからです。

彼は仕事でカラオケに行く時は、自分が好きな曲よりも、その場を盛り上げるような歌を優先して選びます。

もちろん、人が歌っているのに調子を合わせて、場を盛り上げることも忘れません。

そのために、カラオケでリフレッシュするというよりも、行く人によっては精神的に疲れてしまうこともあると言うのです。

もちろん同僚や取引先との関係を深めるという意味で、誘われればカラオケに行くし、嫌々その場にいるわけではないのですが、それとは別に一人でカラオケに行くことも大切にしています。

それは、他人の存在を気にせずに、心からカラオケを楽しみ、リフレッシュする時間なのです。

また、一人で行けば、カラオケボックスの中で完全に孤独になれます。

彼にとって一人で行くカラオケは、ありのままの自分に戻れる時間でもあるのです。

そのひとときは人間関係のしがらみから解放されて、のびのびと寛《くつろ》げるのです。

のびのびと寛げる自分だけの「孤独になる場所」を持つ。

家庭での「役割」から解放されて、一人の時間を持つ

家庭の中にいても「自分らしく生きる」ということは簡単ではありません。

ある主婦は、二人の子供を育てています。

彼女は、子供たちの前では「いい母親」を演じなければなりません。

時には、「厳しい母親」「教育熱心な母親」も演じなければなりません。

また、夫の前でも、「いい妻」を演じなければなりません。

「やさしい妻」「聞き上手な妻」を演じなければなりません。

このように演じてばかりいるので、自分らしくふるまうことができず、精神的にクタクタに疲れ切ってしまうこともあると言います。

ですから彼女は、月に1日か2日、子供の相手をする役割を夫にお願いして、一人で外出すると言います。

子供と一緒にいる時には着られないような好きな洋服を着て、一人で映画を観たり、食事をしたりします。

それは彼女にとって、孤独の中で「自分らしさ」を解放する時間なのです。

そんな孤独な時間、自分らしさを解放する時間があるからこそ、彼女は精神的に安定し、いつも元気でいられるのです。

子育て中の人の中には、男女共に自分らしくふるまう時間を奪われて精神的にストレスを溜め込んでいる人もいるかもしれません。

そんな人は、パートナーの協力を得て、一人になる時間を作るほうがいいと思います。子育てや家事から解放されて、孤独を楽しむ時間がいいストレス解消になります。

やがて元気が戻ってきます。

親がいつも元気でいることが、子供たちにとっても良いと思います。

孤独な時間が、「役割」を全うする活力を与えてくれる。

人間は「演じる生き物」である。だから「孤独」が大切だ

イギリスの劇作家であるウイリアム・シェークスピア（16～17世紀）は、「この世は舞台である。そして男も女も役者にすぎない」と述べました。

この言葉は、「人はみな多かれ少なかれ、何かを演じながら生きている」ことを言い表していると思います。

たとえば、「会社」という「舞台」では、部長という肩書を持つ人は「指導力があるリーダー」「包容力のある人格者」といった役割を演じる「役者」としてふるまっている、ということです。

また、恋人と一緒にいる女性の中には、彼氏の前で「かわいい女」「気が利く女」「やさしい女」といったイメージを演じる人もいます。

このように人は、様々な場所を舞台にして、色々な立場にある役を演じながら生き

ている、と言ってもいいのです。

しかし、一方で、「演じる」ということは「自分らしさ」「ありのままの自分」を抑え込むということでもあるのです。

そして、それは知らず知らず、精神的なストレスになります。

したがって、時には、演じることをやめて、ありのままの自分に戻る必要が出てきます。自分らしさを取り戻すことが必要になってくるのです。

人が演じることをやめることができるのは「孤独である時」なのです。

周りに他人がいなければ、もう演じることなどないのです。自分のことを誰も見ていないのですから、安心して、ありのままの自分でいられます。

そのような「孤独な時間」がないと、人は「演じるストレス」に押しつぶされてしまうことになりかねないのです。

「演じる自分」から解放される時間を持つ。

見栄っ張りな人ほど「孤独な時間」が必要になる

人には多かれ少なかれ「見栄《みえ》」というものがあります。

「自分を良く見せたい。人から良く思われたい」という気持ちです。

この見栄のために、時には、できないことを「できる」と言ってしまうこともあります。

本当は知らないことなのに、その分野についていかにもよく知っているような話をしてしまうこともあります。

知り合いでも何でもない有名人と、いかにも親しくつき合っているような話をしてしまうこともあります。

何かと競争が激しい現代社会で生きていると、知らず知らずのうちに、このように見栄を張ってしまうことも多いのです。

しかし、「見栄を張る」ということは、ある意味、「ありのままの自分」を覆《おお》い隠してしまうということでもあります。

それは、「自分らしさ」を抑え込んでしまうことでもあるのです。

そのためにストレスが溜まったり、また自己嫌悪に陥《おちい》ってしまうこともあります。

したがって、時々は、まったく見栄を張らなくてもいい環境の中で、ありのままの自分に戻ることが大切になってきます。

一人きりになって、自分のダメなところをさらけ出して、ありのままの自分に戻るのです。

それによって精神的にリラックスして、ストレスも解消します。

見栄を張らなくてもいい環境に身を置く。

ありのままの自分を押し殺すから、自分がダメになっていく

イソップ物語に「カラスと白鳥」という話があります。

神殿で暮らしている一羽のカラスがいました。

神殿にはエサがたくさんあり、そのカラスは飢えることなく暮らしていました。

しかし、そのカラスは見栄っ張りだったのです。

そのカラスは、自分も、白鳥のように美しい白い羽を持つ鳥になりたいと思いました。

カラスは、まず、なぜ白鳥は白い羽をしているのかを考えました。

「きっと、池の傍《そば》で暮らし、毎日水で体を洗っているから、白鳥は白い羽をしているんだ」と思いました。

そこで、そのカラスは、神殿を離れ、白鳥がいる池の傍にすみつき、そして毎日、

自分の黒い羽を洗い続けました。

しかし、カラスの黒い羽はいくら洗っても白くなりませんでした。

それどころか、神殿にいるときのように食べ物が得られなくなって、そのカラスはとうとう飢えて死んでしまいました。

この話は、見栄を張って、ありのままの自分を押し殺し、自分が憧れるような存在になろうと努力することは、その自分自身に大きな負担となる、ということを示しています。

そして、その負担に押しつぶされて、自分をダメにしてしまうこともある、ということなのです。

ですから、人目を気にせず、人と比べず、「ありのままの自分」でいることを肯定的に考えられる一人の時間を持つことが大切になるのです。

「ありのままの自分」を肯定的に考えられる時間を持つ。

流行を追い求めるよりも、「自分らしさ」について考えてみる

「流行に遅れたくない」という人がいます。

そのために、今、はやっているファッションを追いかけます。

また、今話題になっている情報を収集するために一生懸命になります。

そのようにして「今流行していること」を追いかけていくのは、それ自体は悪いことではありません。

しかし、そのことに一生懸命になりすぎると、「自分らしさ」を失っていくことにもなりかねません。

「今はやっているファッション」と「自分らしいファッション」は必ずしも一致しないからです。

また、「今話題になっている情報」と「自分らしい生き方を実践するための情報」

とは必ずしも同じではないからです。

流行していることを追いかけていくことに一生懸命になりすぎて、「自分らしさ」を失っていくことは、自分の人生にとっては幸福なことではありません。

自分らしさを失えば、精神的に「虚《むな》しさ」が生じてきてしまうからです。

自分らしいスタイルが見つからず、漫然と人生を送っている人は、流行から距離を置いて、孤独の中で「自分らしさ」とは何かを考える時間を作るほうがいいと思います。

「自分らしさを表現するファッションとは、どんなものだろう」ということを考える時間です。

自分らしく生きるために必要になる情報を集める時間です。

それが充実した人生につながっていくのです。

自分らしく生きるための情報を集める。

流行は時代遅れになるが「自分らしさ」は永遠である

女性のファッションに革命を巻き起こしたフランスのデザイナー、ココ・シャネル（19～20世紀）は、「流行は色褪《いろあ》せるが、スタイルだけは永遠である」と述べました。

「流行は色褪せる」とは、今流行しているものは、時間が経てば時代遅れなものになっていく、ということです。

特に、現代は流行の移り変わりが激しいので、今流行しているものであってもアッという間に時代遅れのものになってしまいます。

今流行している製品は、来月にはもう古臭いものになっているかもしれません。

今流行しているファッションも、何ヶ月か後には、もう誰も見向きもしない時代遅れのファッションになっているかもしれないのです。

そんな移り変わりの早い流行に遅れずについていくのは、大変です。お金もかかるし、絶えず流れについていくことは、精神的なストレスにもなります。

ココ・シャネルは、この言葉で、「そんな流行を追い求めるよりも、自分のスタイルを守っていくことのほうが良い」ということを言っているのです。

その「自分のスタイル」とは、言い換えれば、「自分らしい生き方、自分らしい考え方、自分らしいファッション」ということです。

このような「自分らしさ」というものは、時の流れによって「色褪せていく」ということはありません。

それは、「永遠」なものなのです。

自分の一生にわたって、永遠に、自分に生きる喜びを与えてくれるものなのです。

したがって、そんな「自分らしいスタイル」を、孤独を通して追求していくほうが賢明だと思います。

流行を追いかけるのは、精神的なストレスになる。

第7章

一人になって心を癒やす

大騒ぎするよりも、「孤独」のほうが心の癒やしになる

上司から叱られて自信を失ってしまうことがあります。

友人から自分の欠点を指摘されて落ち込んでしまうことがあります。

そのような時、「一人になりたい」という気持ちになる人も多いのではないかと思います。

同僚から「仕事が終わってから、遊びに行こう」と誘われても、それを断って、「早めに家に帰って一人になりたい」と考えてしまいます。

恋人から「今日、会おう」と誘われても、「今日は一人でいたい」と断ります。

では、なぜ人は、嫌なことがあったり落ち込んだりした時、「一人になりたい」という気持ちになるのでしょうか。

それは、「孤独になる」ということに「癒《い》やし効果」があるからなのです。

人は、自分ではあまり意識していないのかもしれませんが、心のどこかで本能的に「孤独が癒やしになる」ということに気づいているのです。

したがって、嫌なことや落ち込むことがあった時には、自然に「一人になりたい」という気持ちが生じてくるのです。

そういう意味では、自分から意識して積極的に「孤独」というものを「心の癒やし」として活用していくことができると思います。

嫌なことや落ち込むことがあった時に、友人と大騒ぎをしてうっ憤《ぷん》を晴らそうという人もいます。

しかし、大騒ぎをしている最中は楽しいのですが、その翌日になってから、かえって一層気持ちが落ち込んでしまう、ということも多いようです。

そういう意味では、孤独という静かな環境の中で心を癒やすほうが賢明だと思います。

嫌なこと、落ち込むことがあったら、一人になってみる。

孤独になると「自分のすばらしさ」が見えてくる

知人の男性は、ある時、知り合いから、「君は、何の才能もないし、積極的に行動する勇気もない人間だ」と言われ、人知れず悩み続けたことがあるそうです。

しかし、孤独になって深く考えていくうちに、ふと気づいたのです。

「そんなふうに、一方的に言われなければならないほど、自分は何一つ自分から行動を起こさず、才能の一かけらもなくここまで生きてきたと言えるのだろうか。いくらなんでもそれは言いすぎだろう」と。

それに気づいた時、彼の心は癒《い》やされ、そして「前向きに、がんばっていこう」という意欲も生まれてきたと言うのです。

孤独を通して、人は自分自身と向かい合います。

そして、それが「本当の自分」を発見するきっかけになるのです。

世の中には、色々な言い方をして、人を非難する人がいるものです。

その中には、「落ち込ませてやろう。傷つけてやろう」という悪意を持って、まったく根拠のないことを言って非難する人間もいます。

そして、そんな「根拠のない非難」を真に受けて落ち込んでしまうこともあるのです。

そんな時は、「孤独になる」ということが賢明です。

孤独の中で、静かに自分と向かい合うことで、自分が、少なくとも非難される一方の人間などではないことに気づくのです。そして、自分自身が持っている様々な長所を発見することができるのです。

それが「心の癒やし」につながっていきます。

人から批判された時は、孤独に身を置いてみる。

一人旅で傷ついた心を癒やす

「傷心旅行（センチメンタル・ジャーニー）」という言葉が流行したことがありました。失恋した人が、その心の傷を癒《い》やすために一人旅に出ることを意味する言葉です。「傷心旅行」という言葉は古くなったのかもしれませんが、それでも、失恋を経験した人が一人旅に出るというケースは、今も変わらずに多いのではないでしょうか。

また、失恋に限らず、夢を実現できなかったり、あるいは仕事で失敗したりして、心が傷ついた時に、一人旅をして心を癒やそうと考える人も多いと思います。

「一人旅」とは、言い換えれば、「日常的な人間関係を一時的に断って、孤独の中に身を置く」ことです。

そうすることで、静かな気持ちで自分自身と向き合うことができます。

自分自身の人生について、深く考えることもできます。

それをきっかけにして、「私は、こんなことで終わってしまう人間ではない。幸福になるチャンスは、まだたくさんあるはずだ。前向きに生きていこう」と、気持ちが前向きに変わっていくのです。

一人旅をして、孤独の中に身を置くことで、心が癒やされ、また気持ちがリセットされるのです。

友人や家族と旅行をするのも楽しいものですが、心に深い傷を負った時、精神的に何か大きな問題を抱えて悩んでいる時には一人で旅行するのもいいものです。

旅先で味わう孤独感が、かえって気持ちのリセットに役立つのです。

あえて孤独な一人旅をして気持ちをリセットする。

一人旅は「孤独」になるチャンス

日本人を対象とした、ある大手旅行代理店のアンケート調査によると、全体の約6割が「一人旅をしたことがある」と答えたと言います。

男性では60パーセント以上、女性でも50パーセント以上の人が「一人旅をしたことがある」と答えたというのです。

この約6割という数字をどう見るかは、人それぞれ考え方が違うのかもしれませんが、意外に多くの人が一人旅を経験しているようにも思います。

それだけ、「一定期間、一人になって色々なことを深く考えてみたい。一人旅をすることで人生をリセットしたい」という人が多くいることの証しだと思います。

また、なかには「一人旅をしたい」という気持ちを持ちながら、それを実現するチャンスがないという人も数多くいるでしょう。

ですから、それを合わせれば、本当にたくさんの人が、一人旅をした、したことがないにかかわらず、一人旅への憧《あこが》れや欲求を持っていると思われます。

そして、それは、言い換えれば、多くの人たちが孤独になることを望んでいる、ということの裏付けでもあると思います。

実際に、職場や家族など、普段の人間関係から離れて、知り合いが誰もいない、見知らぬ街で「孤独になる」という環境を実現するためには、やはり一人旅がもっともいい方法の一つなのでしょう。

人生には色々なことがあります。自分がみじめに思えてくるほど、深く心を傷つけられることもあります。そのような時には、自分の人生をリセットするために、一人旅に出るのもいいと思います。

一人旅で「みじめな自分」とサヨナラをする。

孤独には「孤独の寂しさ」を癒やす効果がある

「四国遍路《へんろ》巡礼《じゅんれい》」というものがあります。

真言宗の開祖である空海（8～9世紀）は、若い頃に四国で修行をしました。そして、四国の地で悟りを得たと言われています。

四国にある、そんな空海ゆかりのお寺や霊場八十八カ所を回って旅するのが、四国遍路巡礼です。

この四国遍路巡礼には、妻や夫、あるいは子供や親と死別して、その孤独の寂しさに耐えられなくなって参加している人もいると言います。

また、そのような人たちの中には、一人で四国の地を旅して回っている人もいるのです。

孤独の寂しさを癒《い》やすために、一人で四国遍路巡礼をするのです。

というのも、不思議なことですが、「孤独の寂しさ」というものは、「孤独になる」ということで癒やされる場合も多いのです。

大切な人との死別を経験した時、強い孤独感を感じます。

「自分一人だけ取り残された」という寂しさを感じます。

そのような時には、死んでいった人のことを孤独の中で深く考えることで、心が癒やされていくことがあるのです。また、孤独の中でこれからの自分の人生を考えることで、新たな希望を見い出すことができるのです。

「傷心旅行」についても同じことが言えます。失恋した時に感じる「孤独感」や「寂しさ」が、一人で旅行することで癒やされ、また新たな希望を見つけ出すことができるのです。

孤独には「孤独の寂しさ」を癒やすという効果もあるのです。

孤独の中で、新しい希望を見つけ出す。

人は「孤独感」に悩み、「孤独」によって癒やされる

「孤独」という言葉の他に、「孤独感」という言葉があります。

この二つの言葉は、似ているようでまったく異なっていると思います。

「孤独感」という言葉には、「寂しい」「辛い」「苦しい」といった意味合いが含まれています。

「孤独の寂しさ」という言い方がありますが、これは、この「孤独感」を言い表す言葉なのでしょう。

一方で「孤独」という言葉は、本来は、「一人でいる」という状態を表しています。

また、この言葉については、「孤独を楽しむ」といった言い方があります。

そのような言い方からわかるように、「孤独」という言葉には、「癒《い》やし」「充実感」「安らぎ」といったポジティブな意味もあるのです。

しかし、「孤独感を楽しむ」といった言い方はありません。

「孤独感」には、ネガティブな意味合いが強いのです。

そういう意味から言えば、失恋など愛する人との別れを経験した人が感じているのは「孤独感」だと思います。

つまり、「寂しい」「辛い」「苦しい」といった感情です。

そして、このような「孤独感」は、「孤独」というものによって解消されることがあるのです。

なぜなら、「孤独」というものには、人の「寂しい」「辛い」「苦しい」といった感情を「癒やし」「充実させ」「やわらげる」効果があるからです。

「孤独」と「孤独感」は違う。

多くの人と一緒にいながら「孤独感」を持つこともある

人は、多くの人に囲まれながらも「孤独感」を持つことがあります。

会社の中で「孤独感」を持つ男性がいます。

彼は、上司や同僚など大勢の人に囲まれながら仕事をしています。

それにもかかわらず、会社の中で「孤独感をおぼえる」と言います。

その理由は、周りの人たちが彼の考え方を理解してくれないからです。また、彼が周りの人たちからひどく誤解されているからなのです。

そのために、同じ職場で大勢の人と一緒に仕事をしているのにもかかわらず、彼は「孤独感」を感じていると言うのです。

その「孤独感」には、「理解してもらえずに寂しい」「誤解されて悲しい」という感情が含まれています。

そして、彼は、その孤独感を「孤独」を通して癒《い》やしているのです。会社から帰宅してから、一人きりになって本を読んだり、音楽を聴いたりする時間を作っているのです。

また、一人になって日記を書いたり、仕事で必要になるような資格取得のための勉強をしているのです。あるいは、一人きりになって、瞑想したり、物思いにふけったり、将来の夢を思い描いたりしています。

そのような「孤独な時間」の中で、職場で感じている「孤独感」を癒やしているのです。

この男性のように、周りの人たちとのすれ違いや無理解、誤解によって「孤独感」を感じている人がいるかもしれません。そのような人には「孤独」を通して、その孤独感を癒やすという方法もあるのです。

孤立した寂しさは「孤独」を通して癒やす。

人との「絆」は、同時に「自由を奪うもの」にもなる

「絆《きずな》」という言葉があります。

「夫婦間の絆」「友だちとの絆」「仲間との絆」といった言い方をします。

このような身近な人たちとの絆を大切にしていくことは、もちろん幸福に暮らしていくために大切なことの一つです。

この「絆」という文字は、「絆《ほだ》し」とも読みます。

この「絆し」には、「自由を奪うもの」という意味があります。

言い換えれば、人との「絆」とは、同時に、「自由を奪うもの」という意味もあるのです。

たとえば、友人との絆を大切にしていこうと考えたとします。

そのためには、自分がやりたいことを我慢して相手に譲歩するということも出てく

るでしょう。

そのようにして、たくさんの人との絆を大切にしていこうと思えば、それに比例して自分の自由を奪われていくことも多くなっていくのです。

当然のことながら、そのように「自分の自由を奪われる」ということは大きなストレスになります。

そして、そのストレスのために、かえって幸福を感じられなくなってしまう場合も出てくるのです。

したがって、時には、そのような身近な人との絆から離れて、孤独の中に身を置くほうがいいのです。

その孤独が、自分の自由を奪われることによって溜まったストレスを癒《い》やしてくれることになるからです。

時々「人との絆」から離れて、孤独になってみる。

仕事のストレスを家庭に持ち込まないための方法

非常に有能な女性がいたそうです。勤め先の会社の上層部からの期待も大きく、当然、彼女自身もその仕事にやりがいを感じていたそうです。

そんな彼女が結婚することになりました。やりがいのある仕事があり、さらに愛する伴侶を得て、人生はすべてが順風満帆のように思えました。

ところが、彼女の仕事はとてもハードなものなので、ストレスも溜まります。その結果、自宅に帰ってから、夫と口ゲンカすることが多くなってしまったのです。

仕事で溜まったストレスから、つい、夫に対して言ってはいけないことを言い、それがきっかけでケンカになってしまうのです。

「このままではいけない」と感じた彼女は、仕事を終えてから帰宅する途中、一人でカフェに立ち寄るようにしました。

カフェでの「孤独な時間」を有効に使って、本を読んだり、日記や手紙を書いたりすることによって、ストレスを解消するように努めるようにしたのです。これは、とても効果的でした。

少しの時間であっても「孤独な時間」を持つことによって、上手に気分転換ができ、仕事のストレスを家庭に持ち込まずに済むようになりました。

仕事で嫌なことや辛いことがあっても、「孤独な時間」の中で心が癒《い》やされ、帰宅してから夫に対してやさしい態度で接することができるようになったのです。

「仕事のストレスを家庭に持ち込んでしまうことが多い」という人は、参考にできる話ではないかと思います。

「孤独な時間」の中で、仕事のストレスを解消する。

精神的にクタクタの時は「孤独な癒やし」を求める

ある車好きの男性のストレス解消法は、ドライブに行くことです。

ドライブが好きで、家族や友人たちともよく車を運転して遊びに行きます。

それはそれで楽しいのですが、一人で車を運転する時間も大切にしています。

一人でドライブする大きなメリットは、やはり「孤独になれる」ということなのです。

車の中では、完全に孤独になれます。

彼は、「そこで好きな音楽でも聴きながら運転をしていると、精神的な疲れがスーッと消えていくのを感じる」と言います。

彼にとっては、それが家族や友人とドライブするのとはまた違った、大きな心の癒《い》やしになっているのです。

ですから、彼は、車の中で過ごす孤独な時間を大切にしています。

確かに、彼が言う通り、家族や友人と過ごす楽しい時間も「心の癒やし」になると思いますが、孤独の中で感じる「心の癒やし」には、また違った意味があるようです。

さらに言えば、「癒やし」や「安らぎ」といった意味から言えば、孤独から得られるもののほうが深いように思います。

孤独になるほうが、深い癒やし、深い安らぎを得られるのです。

人には精神的にクタクタになるほど疲れ切ってしまう時があります。

そのような時は、むしろ「孤独な癒やし」を求めるほうが良いと思います。

そんな時に、家族や友人の前で、無理をして明るくふるまうと、かえって精神的な疲労が増してしまうことがあるからです。

≫家族や友人と一緒にいて、かえって疲労が増す場合もある。

第8章

友だちが少なくても恋人がいなくても大丈夫

友だちや恋人がいないことにも、多くのメリットがある

「友だちがいない」

「恋人がいない」

と言う人がいます。

それが「寂しい」「辛い」と言うのです。

確かに、友だちや恋人がいないのは、寂しいことなのでしょう。

しかし、そういう状況をあまり悲観的に考えないほうがいいと思います。

自分がみじめに思えてきてしまうからです。

それよりもむしろ「友だちがいない」「恋人がいない」という孤独な状況を、もっと肯定的にとらえるほうがいいのではないでしょうか。

友だちがいなくても、大丈夫です。

恋人がいなくても、大丈夫なのです。

そんな孤独な状況には、たくさんのメリットさえあるのです。

たとえば、友だちや恋人がいない人は、その分「一人の時間」「孤独になれる時間」が増えます。

そんな孤独な時間を使って、たくさんの本を読んで教養を深めることもできるでしょう。

「絵を描く」「ダンスを習う」といった趣味を楽しむ時間にあてることもできます。

また、無駄な出費をせずに済みますから、そのお金を自分のために使うことができます。

「友だちがいない」「恋人がいない」ということで、また別の意味で、人生を楽しむ時間が増えていく、と考えればいいのです。

友だちや恋人がいないことを嘆《なげ》かない。

友だちが多いから心が乱れ、友だちがいないから心が安らぐ

「友だちは多ければ多いほどいい。友だちが多いほど、人生を楽しめる」と、色々なところへ出かけて知り合いを増やし、活発に交流している人がいます。

そのように、つねに多くの人に囲まれて生きようとする人ほど、逆に、「友だちがいないのは寂しい。それは辛いことだ」と思い込んでいるケースが多いものです。

しかし、友だちがたくさんいることが楽しいとは必ずしも言えないケースもあるようです。

たとえば、ある男性芸能人は、交友関係が広く、年末年始は何百ものお歳暮の整理や年賀状のやりとり、年始の挨拶にやって来る大勢の友だちをもてなすための準備と、休まる暇もないそうです。

このように、友だちが多いばっかりに、つきあいが忙しくて、「自分の時間が全然

ない」と悩んでいる人もいます。

また、友だちが多くなれば、それだけ人間関係のトラブルに巻き込まれる機会も増えていきます。

そんな人間関係のトラブルに日々悩まされている人もいるのです。友人がいることで引き受けることも、また、割かなければならない時間も生まれるのです。

それに比べれば「友だちがいない人」は、自由に使える自分の時間がたくさんあります。

したがって、自分の好きなことを大いにやって、満足のいく人生を実現することができるのです。

また、どうでもいいような人間関係のトラブルに悩まされないで済むのです。

その結果、心安らかに生きていくことができます。

そういう意味で、「友だちがいない孤独」も、またいいものなのです。

友だちがいない人は、人間関係のトラブルも少ない。

一つのことに熱中すれば、友だちを作る時間がなくなる

成功者とは、「ある一つのことに徹底的に熱中した人」とも言えると思います。

「役者バカ」という言葉があります。

この言葉にある「バカ」は、悪い意味ではありません。

「役者という仕事に、バカみたいにのめり込む」という意味を表しています。

それだけ役者という仕事を愛し、また、その仕事に熱中しているのです。

役者という仕事に成功した人には、そんな「役者バカ」が多いようです。

あるマンガ家は、「私はマンガバカだ」と言っていました。

「マンガがバカみたいに好きで、バカみたいにマンガを描く仕事にのめり込んでいる」ということです。

マンガ家として成功している人にも、そんな「マンガバカ」が多いようです。

どんなジャンルの仕事にせよ、成功者と呼ばれるような人には、そのように「一つの仕事に、バカみたいに熱中している」という人が多いものなのです。

一つのことに熱中すれば、それだけ社交の時間が少なくなります。

しかし、一つのことに熱中し、それに多くの時間を割り当てれば、それだけ物理的に、友だちと遊んだり、恋人を探したりする時間が少なくなってしまうのです。

そういう意味で、一つのことに徹底的に熱中する成功者には「友だちが少ない」「恋人がいない」という人もいるようです。

したがって、「友だちが少ない孤独」「恋人がいない孤独」を苦に思うことはありません。その孤独な時間の中で、一つのことに徹底的に熱中すれば、その分野の成功者になれるからです。

一つのことに徹底的に熱中して、成功者になる。

人との会話が下手な人ほど、自分との会話がうまい

「友だちがいない」「恋人がいない」という人は、「私は口下手で、人との会話がうまくないから、友だちができない。恋人ができない」と考えている人が多いようです。

確かに「口下手」もその一因かもしれません。

しかし、「人との会話がうまくない」人は、意外に、「自分自身との会話がうまい」人が多いように思います。

「自分自身との会話がうまい」とは、つまり、「孤独の中で自問自答する」ということです。

「私が今、本心からやりたいと思っていることは何だろう」

「このままの生き方でいいのだろうか」

「人間にとっての幸福とは何だろうか」

「この問題を解決するには、どうすればいいのだろう」

といったことを自問自答することです。

このような自問自答を日頃から繰り返している、いわば「自分自身との会話がうまい人」というのは、物事をより深く考えます。

自分自身の人生について、より真剣に考えます。

ですから、それだけ正しい判断を下すことができます。

また、練りに練った、すばらしいアイデアを発表することができます。

世間をアッと驚かせるような、大きなことを成し遂げることができるのです。

ですから、「人との会話がうまくない」ということに劣等感をおぼえる必要はまったくないのです。孤独の中で、さらに「自分自身との会話」がうまい人間になっていけばいいのです。

「自分との会話」を繰り返し、人生を深めていく。

「友だちがいない」「恋人がいない」ことが、長所になる

「友だちがいない」「恋人がいない」ということに、強い劣等感をおぼえている人がいます。

そして、「こんな私は、幸福になんてなれない」などと、自分の将来を悲観するようにもなります。

しかし、「友だちがいない」「恋人がいない」ということに劣等感を抱くことなどまったくないのです。

文芸評論家の亀井勝一郎（20世紀）は、「すべての欠点は長所に結びついている」と述べました。

「友だちがいない」「恋人がいない」ということは、その人の「欠点」であるのかもしれません。

しかし、その「欠点は長所に結びついている」のです。

たとえば、「友だちがいない」「恋人がいない」ということが、自分の時間を多く持ち、その孤独の中で「深くものを考える」という長所に結びついているのです。

深くものを考え「的確な判断を下す人間」であるという長所に結びついているのです。

また、その孤独の中で一つのことに熱中し、「一つの道を深く究めていくことができる」という長所に結びついているかもしれません。

一つの道を究め、「その分野では誰にも負けない」という長所に結びついているかもしれないのです。

したがって、「友だちがいない」「恋人がいない」ことに、やみくもに劣等感をおぼえることはないのです。

「欠点は長所に結びついている」と知る。

意外に多くの人が「私は内向的」だと思っている

心理学に「内向的」という言葉があります。

人の性格のタイプを言い表す言葉です。

この「内向的なタイプの人」というのは、どちらかというと、人づき合いが苦手です。友だちも少なく、恋人もできない、という人が少なくありません。

いわば「孤独なタイプ」なのです。

一方で、この「内向的なタイプの人」には、内省的で、物事を深く考える、という長所があります。

また、感受性が豊かで、独創的なことを成し遂げることがあります。

逆に、「外向的」と呼ばれる性格のタイプもあります。

このタイプの人は、社交的で、人づき合いもうまいのです。

その多くが友だちも多く、恋人もいます。

そのため、孤独になって物事を深く考えるということが少なくなります。

ある調査で、「あなたは自分を、内向的な人間だと思いますか。それとも外向的な人間だと思いますか」とアンケートを取ったところ、約6割の人が「私は内向的な人間だと思う」と答えたと言います。

意外に多くの人が「自分は内向的だ」という意識を持っているのです。

見方を変えれば、それだけ「友だちがいない（あるいは、少ない）」「恋人がいない」ということで悩んでいる人が多くいる、ということでしょう。

しかし、そのことで悩んだり、劣等感をおぼえたりすることはないのです。

そのような「孤独な性格」だからこそ得られる幸福もたくさんあるからです。

「内向的な人間」のいい面に着目する。

内向的な性格だからこそ一つのことに没頭できる

世界の偉人の中には「内向的な性格」な人が多くいます。

「内向的な性格」とは、人づき合いが下手で、友だちもあまりいない、というタイプです。

この内向的な性格を持ちながら偉大なことを成し遂げた人物としては、イギリスの自然科学者であるチャールズ・ダーウィン（19世紀）がいます。

「進化論」を唱えた人物として有名です。

このダーウィンは、人づき合いは非常に苦手なタイプだったと言われています。

パーティなど大勢の人が集まる席に出席すると、とても気疲れしてしまって、その後ゆっくりと休息を取らないといけないほどだったと言います。

そういう性格もあって、また、研究に没頭するために、人づき合いを避け、郊外の家に閉じこもって仕事を続けていたそうです。

このダーウィンは、結婚はしましたが、ただしその際にも「結婚生活は時間の無駄でしかないのではないか」と、ずいぶん迷ったとも言います。

ダーウィンの人生を見てみると、内向的な性格であったおかげで、孤独な生活の中で研究に思う存分没頭できたようです。

そして、「進化論」を提唱して、自然科学の分野で大きな貢献を果たすことができたのです。

そういう意味では、「人づき合いが下手」「友だちがいない」という内向的な性格は、決して悪いものではないと思います。

そういう内向的な性格のおかげで、偉大なことを成し遂げられることもあるからです。

内向的な性格の良い面を生かしていく。

内向的な人間だからこそ発揮できるリーダーシップがある

組織のリーダーというと、一般的には、内向的な性格の人よりも外向的な性格の人のほうが向いているように思われています。

つまり、外向的な人のほうがリーダーシップがあると考えられるからです。

しかし、内向的な人間でありながら、偉大なリーダーシップを発揮した人物も多いのです。

たとえば、アメリカの第16代大統領であるエイブラハム・リンカーン(19世紀)です。

リンカーンは、当時の開拓農民の家に生まれました。

両親は新しい開拓地を求めて、アメリカの各地を転々と引っ越しました。そのために子供の頃のリンカーンは、長くつき合える友だちもおらず孤独だったようです。また、家は貧しく、学校に行く十分な余裕もなかったので、独学で勉強を進めたのです。

そんな孤独な幼少時代を過ごしたリンカーンは、内向的な性格の大人に育っていったのです。

内向的なリンカーンは、自分から率先して人をグイグイ引っ張っていくタイプではありませんでした。

どちらかと言うと、人の話をよく聞き、孤独な中でじっくりと物事を考えてから決断を下すタイプでした。

しかし、そのような内向的な性格が、周りの人からは「あの人には品格がある」「間違いない判断をする」「信頼できる人物だ」といった信望を集めたのです。

内向的な性格、孤独を愛する性格だからといって、必ずしも強いリーダーシップを発揮できないわけではないのです。

人の話をよく聞き、孤独の中で熟慮して決断する。

内向的な性格の良い面に自信を持つ

内向的な人は、どちらかというと、人づき合いが苦手であり、人づき合いよりも、孤独な時間を大切にする傾向があります。

そんな内向的な人は、ともすると、「人づき合いが下手」「友だちがいない」「恋人がいない」自分に劣等感を抱きがちです。

しかし、内向的な性格の人にも、いい面がたくさんあるのです。

たとえば、次のようなことです。

・人の話をよく聞く。聞き上手である。
・人を温かく包み込む抱擁力がある。
・物事を熟慮して、間違いない判断をする。
・品格がある。人から尊敬される。

・努力家である。信念が強い。
・勉強家である。教養がある。

このように、いい面がたくさんあるので、たとえ人づき合いが少し下手であっても、多くの人から慕われ、尊敬されます。

また、信望を集めて、リーダーシップも発揮できるのです。

そして、成功者となり、幸福な人生を築いていくことも可能です。

したがって、内向的な性格だからといって、自信を失わないほうが良いのです。

むしろ、強い自信を持って生きていくほうが得策です。

自分に自信を持つことで、その内向的な性格の良い面が存分に生かされるようになります。

それが充実した人生につながります。

自分に自信を持って、自分の良いところを生かしていく。

第9章

「孤独な時間」を通して人は成長する

周りの人に迎合すると、自分の成長がストップする

誰もが「人に嫌われたくない」「人から好かれたい」という思いを持っています。そういう思いを持つこと自体は決して悪いことではありません。「嫌われたくない」「好かれたい」という気持ちがあるからこそ、人へのやさしい思いやりの気持ちも生まれてきます。

しかし、この気持ちが強くなりすぎると、精神的に問題も生じます。周りに迎合的《げいごうてき》になりすぎてしまうのです。

「迎合的」とは、自分の思いを押し殺して、いつも他人に合わせてしまうことです。このようなタイプの人は、「孤独な時間」というものもあまりありません。いつも誰かと一緒にいないと、気持ちが不安になってくるのです。一人でいると、何か自分が、誰にも相手にされない嫌われ者のように思えてくるの

です。

しかし、このように周りの人たちに迎合的になり、また、いつも誰かと一緒にいるような生活を送っていると、「自分の人生を、自分の価値観で考える」機会が少なくなっていきます。

人間的に成長していくために大切なことの一つは、「孤独な時間を持つ」ということです。

「孤独な時間」の中で、自分自身の生き方について真剣に考えることで、人間は成長していきます。

そういう意味では、「嫌われたくない」「好かれたい」という思いに、あまり強くこだわりすぎずに、生活の中に上手に「孤独な時間」を取り入れていくように工夫するほうが得策です。

「嫌われたくない」「好かれたい」と強く思いすぎない。

一人でいる時、人間はもっとも成長していく

仏教の創始者であるブッダ（紀元前5～4世紀）は、「サイの角《つの》のようにただ一人歩む（意訳）」と述べました。

この言葉にある「サイ」とは、動物のサイのことです。サイには、頭に一本（または二本）の角が生《は》えています。この「一本の角」は、「一人で修行を積んでいくこと」、つまり「孤独」ということの比喩《ひゆ》なのです。

つまりブッダは、「一人で修行を積み、そして孤独の中で『どう生きていけばいいか』という問題を考えていきなさい」ということを述べたのです。

仏教には、師僧という人がいます。つまり、指導者でありアドバイザーです。また、修行を一緒にしていく同志たちもいます。

そんな師僧から教えてもらい、また同志たちと話し合っていくことも修行の一つの方法です。

しかし、本当の意味で悟りを得るためには、「一人で修行を積み、孤独の中で真剣に考えるということが重要だ」と、ブッダは述べているのです。

それは、言い換えれば、「人間としての真の成長は、孤独の中で得られるものだ」ということだと思います。

たとえば、勉強もそうだと思います。

大学受験や、資格試験の勉強をしている人は、先生から教えを受け、また同じ教室にいる生徒たちと討論などしながら、学力の向上をはかります。

しかし、もっとも学力が向上するのは、自分一人で、孤独の中で勉強を進めていく時なのです。

「サイの角」のように、孤独になってみる。

成功者の共通点は「孤独な時間」があること

会社には上司がいます。その上司から、仕事のやり方を色々と教えてもらいながら、人は成長していきます。

また、一緒に働く同僚たちからも、様々なアドバイスを受けて成長していきます。

フリーランスの人たちには、直接の上司や同僚はいないかもしれません。しかし、その分野の先輩から指導を受けたり、また仕事仲間からアドバイスを受けたりしながら成長していく、ということには変わりはないと思います。

しかし、先輩たちに囲まれ、その教えをそのままなぞっていくだけで成功者になれるのかと言えば、そうとは限らないのです。

その仕事の分野で成功するためには、「どうすれば、もっとうまくいくのか。どうすれば、もっと大きな成果を出せるのか」ということを、一人になって、孤独な時間の中で考え、また行動していく必要があるのです。

そのような孤独の時間を持つ人はもっとも成長します。

また、成功への大きなヒントをつかむのも、孤独の中にいる時が多いものです。

したがって、日頃、たくさんの人たちに囲まれて、大勢の人と連絡を取り合いながら仕事を進めていても、その中で「孤独な時間」を作っていくことも大切にするほうがいいと思います。

それは、一人で新しいことを学んだり、一人で今後の計画を考えたり、一人になってアイデアを練ったりする時間です。

そのような「孤独になる時間」を持っているということが、成功者になるコツの一つでもあるのです。

「一人で学び、一人で考える時間」を持つ。

孤独な環境にいる時、「最高の思考」ができる

アメリカの発明王として有名なトーマス・エジソン（19～20世紀）は、「最上の思考は孤独のうちになされ、最低の思考は混乱のうちになされる」と述べました。

エジソンは、蓄音機や映写機など現代のエンターテインメント産業の基礎となった様々な発明をしました。

また、白熱電球などの発明によって、電気産業にも大きな貢献を果たしました。

この他、数々の発明をし、その数は生涯で1000件以上だとも言われています。

では、どうしてそんな数多くの発明をエジソンができたのかと言えば、そのヒントは冒頭のエジソンの言葉にあるように思います。

すなわち「孤独の時間」を上手に使ったからこそ、エジソンは数々のヒントを得て、また発明家として成長し、大きな成功を手にすることができたと思います。

一方で、エジソンは、「最低の思考は混乱のうちになされる」とも述べています。

この言葉にある「混乱」とは、「大勢の人がいて混乱している状態」と考えればいいと思います。

たくさんの人が色々な意見を言いあっているような騒々しい場所にいると、自分の考えに集中できず、大したことは思いつかない、ということです。

したがって、そういう中では大きな成果を生み出すような画期的なアイデアを思いつくことはできませんし、また自分の成長にもつながらないのです。

良いアイデアを思いつく。そのためには、静かな場所で孤独にふける時間を持つことが大切です。

それが発明につながり、また、自分という人間を大きく育てていきます。

孤独の中で、自分の思考に集中する。

孤独を通して、人は「個性的な人間」へと成長する

発明王のトーマス・エジソンと同時代の人物に、ニコラ・テスラ（19～20世紀）がいます。

このテスラは現在のクロアチアの生まれでしたが、大学を卒業後、アメリカに渡ってエジソンが経営する会社に入りました。

そして、電気技師、また発明家として活動を始めたのです。

その後、エジソンの会社を辞めて独立し、自分の会社を設立して無線機や蛍光灯《けいこうとう》など電気技術の発明をしました。

このテスラは、「ジャマが入らない孤独な環境にいると、心が鋭敏になる。考え事に集中できる。オリジナリティは騒々しい場所から離れた環境で発揮される」と述べました。

このテスラもまた、発明家として成長し成功するために「孤独」というものを大いに利用していたのです。

大勢の人がいて騒いでいるような場所では、自分の考えに集中できません。注意力が散漫になって、考えを深めていくことができないのです。

孤独な状況にいてこそ、自分の考えに集中し、考えを深めていくことができます。その結果、オリジナリティにあふれる、個性的なアイデアを思いつくことができます。そして、それが発明家としての成長を促し、また成功へとつながっていくのです。

もちろん、これは、発明家に限ったことではありません。

孤独を通して、個性的な人間に成長していけるという事実は、すべての人に当てはまることなのです。

孤独になってオリジナリティを深める。

孤独が「人が作り上げるもの」を成長させていく

ドイツの哲学者であるニーチェ（19世紀）は、「孤独の中へ、その人が持ち込んだものが成長する」と述べました。

哲学者らしい抽象的な言い方で、ちょっとわかりづらいところもありますが、次のような意味があると思います。

たとえば、ある小説家が、自分が書こうとしている小説を「孤独の中に持ち込み」ます。この「孤独の中に持ち込む」ということは、つまり、「孤独の中で、ひたすら小説を書く」ということです。

そうすると、その孤独の中で小説が「成長する」のです。

この「成長する」とは、すなわち、すばらしい作品になるということです。

小説に限らず、何事においても「すばらしいもの」を作り上げようと思ったら、そのように孤独の中で真剣に取り組むことが大切です。

次のような話があります。

ある男性がラーメン屋を開業することになりました。

そのために、試作品となるラーメンを作ってみましたが、それはあまり美味しいものではありませんでした。

とても売り物になるものではなかったのです。

その後、彼は、一人で色々と工夫を重ねて試行錯誤しました。

そんな「孤独な努力」の中で、彼の作るラーメンはだんだんと美味しいものに進化していったと言います。

そして、今、彼が始めたラーメン屋は繁盛しています。

どうやら、孤独が、その人が「作り上げるもの」を成長させていくようです。

孤独の中で「より良いもの」を目指して試行錯誤する。

孤独が好きな人ほど、実は協調性がある

「孤独が好きだ。孤独を愛している」

「一人旅など、一人で行動することがよくある」

というタイプの人は、時に、「協調性がない」「人に対して冷たい」「性格がひねくれている」といった印象で見られがちです。

しかし、実際には、そんなことはないのです。

心理学の研究でも、「孤独が好きだ」という人は、会社でも、友人関係でも、あるいは家族に対しても、協調性があり、情に厚い性格の人が多い、ということが知られています。

なぜなら、自立性が高く、個として完成しているからで、同時にそういった人は、他人に対しても個を重んじて、適度な距離で関わることができるからです。「孤独が

好きな人は、協調性がない」というのは、一部の人の「思い込み」にすぎないのです。

また、孤独である時、人は人生について深く考えます。

その結果、自分が決して自分一人だけの力で生きているのではなく、多くの人に支えられながら生きていることに気づきます。

そして、周りの人たちに感謝しながら、周りの人たちとの人間関係を大切にしていくことが、自分自身の幸福につながっていく、ということを理解するのです。

さらに、人に対してやさしい気持ちを持ち、また、謙虚な気持ちで人とつき合っていくことの大切さを学ぶのです。

このように孤独を経験することで人間的に成長するからこそ、「孤独が好きな人は、協調性がある」と言えます。

孤独の中で人への謙虚さとやさしさを学ぶ。

愛し合う者同士が相手の「孤独な時間」を尊重し合う

アメリカの代表的な作家の一人に、アーネスト・ヘミングウェイ（19～20世紀）がいます。『老人と海』という作品を著し、後に、ノーベル文学賞を受賞したことでも有名です。

このヘミングウェイは、「男は、しばしば、一人になりたいと思う。女も一人になりたいと思う」と述べました。

男も女も、時に、一人になる時間を持ちたいと思うものなのです。

それは、恋人同士や夫婦の関係であってもそうなのです。

愛し合う者同士は、もちろん二人で一緒にいる時に幸福感をおぼえるものなのですが、時には「一人になりたい」という思いを抱くこともあります。

「孤独になって、誰にも干渉されずに、自分の好きなことをしたい」と思うこともあるでしょう。

そのような相手の「一人になりたい。孤独になりたい」という気持ちを大切にして、お互いに相手が「孤独な時間」を作ることを許してあげる気持ちを持つことも実は非常に大切なのです。

また、相手の「孤独な時間」に、余計な干渉をしないということも大切です。

そのように愛し合いながらも、それぞれの「孤独な時間」を尊重し合える関係であることが、今後もずっと円満な関係を保っていくコツになります。

また、相手の「孤独な時間」を尊重できるようになることが、恋人同士や夫婦がそれぞれ人間的に成長し、いわば「大人の関係」を築いていくことでもあるのです。

精神的に未熟な恋人同士や夫婦は、相手の「孤独な時間」に何かと干渉するようなことをして、それが原因でケンカになることも多いようです。

相手の「孤独な時間」にあまり干渉しない。

孤独な時間を持つ人は、悪口を言われても動揺しない

孤独な時間を大切にし、孤独な時間を楽しめる人というのは、個として完成していて、人間的に成熟した人だとも言えます。そして、自分がやるべきことを、しっかり持っています。

ですから、そのような人は、たとえ周りの人たちから悪口を言われても動揺することはありません。

根拠のない陰口を言われるようなことがあっても、感情を乱すことはありません。

そのような悪口や陰口を言う相手に対して感情的になって言い返すことなどせずに、そんな相手とは距離を置いて、孤独な時間の中で自分がやるべきことを淡々と進めることができるのです。

一方で、孤独な時間を持たず、常にだれかとつるんでいなければ落ち着かないとい

う人は、精神的に未熟です。

ですから、誰かが自分の悪口や陰口を言っているということがわかると、すぐに取り乱してしまいます。

相手に言い返してケンカをしたり、落ち込んだまま立ち直れなくなったりしてしまうのです。

世の中では、いわれのないことで悪口や陰口を言われることがあるものです。

そのような時に自分を見失ってしまわないように、孤独な時間の中で自分の人間的な成長をはかるほうがいいと思います。

孤独の中で、教養を深める勉強をしたり、自分の生き方について真剣に考えたりすることで、その人は人間的に成長していきます。

悪口を言われても、自分を見失わないようにする。

「悪口など相手にしなければいい」と悟ってしまう

孤独の中で、人間的に成長していった人物に仏教の創始者であるブッダがいます。

ブッダは、現在のインドとネパールの国境付近のルンビニで、当時のシャカ族の王子として生まれました。しかし、王族の身分を捨てて、29歳の時に出家《しゅっけ》をします。その後は、深い森の奥で一人で修行を始めました。そして、35歳の時に悟《さと》りを得たのです。

その6年間の修行中は、いわば「孤独」の中で人間的に成長し、そして完成された人間になったのです。

このブッダについて、次のようなエピソードがあります。

悟りを得た後、ブッダは仏教の教えを広めるために、現在のインド各地を旅して回っていました。

ある村に来た時の話です。

その村人たちがブッダの悪口を広めていることがわかったのです。

ブッダの弟子たちは動揺しましたが、ブッダだけは落ち着いていました。

そして、ブッダは、動揺する弟子たちに、「悪口など無視していればいいのだ。相手にしなければ、そのうちに悪口を言う人などいなくなる」と諭《さと》しました。

すると実際に、時間が経つにつれて、ブッダの悪口を言う人間などいなくなってしまったのです。

このエピソードも、孤独を通して人間的に成長した人物は、悪口を言われても動揺することなどない、という証しの一つとして参考になると思います。

無視していれば、誰も悪口を言わなくなる。

おわりに

「孤独になる」ということに「寂しい」「辛い」といったネガティブな思いを抱いていた人であっても、いったん「孤独には良いことがたくさんある」ということに気づけば、むしろみずから積極的に生活の中に孤独になる時間を取り入れるようになると思います。

そして、その孤独な時間は、貴重で大切なものになってくるのです。

孤独になる時間を持っている人は、人生を豊かに生きていけます。

心安らかに生きていけます。

そして、自分らしく、充実した人生を生きていけるのです。

また、「孤独になる」ということの何よりもすばらしい一面は、「創造的になる」という点にあると思います。

人は、一人でいると、「こんなことをしてみたい。あんなことにチャレンジしていきたい」という夢が、頭の中にドンドンわき出してきます。

そして、その夢を叶えるためには、「こういう方法がある。こうしてみたらどうだろうか」というアイデアも次々と浮かんでくるのです。

そうして実際に、孤独が持つ創造的な力を活用して、クリエイティブな人生を楽しんでいる人も大勢いるのです。

これは、年齢は関係ありません。

若い人はもちろん、中高年になっても、孤独な時間を持つ習慣がある人は、大きな夢を持って、よりクリエイティブに、より行動的に、自分の人生を創造していくことができるのです。

せっかく人間に生まれてきたからには、最後の日まで夢に向かって人生を創造的に生きていくことが大切です。

それが充実した人生につながっていきます。そして、そんな充実した人生をもたらしてくれるのは「孤独になる時間」だと思います。

植西 聰

植西　聰（うえにし　あきら）

東京都出身。著述家。心理カウンセラー。

学習院大学卒業後、資生堂に勤務。独立後、人生論の研究に従事。独自の「成心学」理論を確立して、著述活動を展開する。1995年に「産業カウンセラー」資格（労働大臣認定：当時）を取得。

おもな著書に『「折れない心」をつくるたった１つの習慣』（青春出版社）、『平常心のコツ―「乱れた心」を整える93の言葉』（自由国民社）など。近著に『眠る前に1分間ください。明日、かならず「良いこと」が起こります。』（キノブックス）、『いつまでも若々しく生きる！ 小さな習慣』（辰巳出版）、『不動心のコツ―どっしりと構えて生きる96の方法』（自由国民社）などがある。

孤独《こどく》の磨《みが》き方《かた》

印　　刷　2018年4月15日
発　　行　2018年4月30日
著　　者　植西《うえにし》　聰《あきら》
発 行 人　黒川昭良
発 行 所　毎日新聞出版
〒102-0074
東京都千代田区九段南1-6-17　千代田会館5階
営業本部　　　03（6265）6941
図書第二編集部　03（6265）6746

印刷・製本　図書印刷

ISBN978-4-620-32516-3